# 图书馆读者服务与创新探索

刘菊花　著

吉林摄影出版社

·长春·

图书在版编目（CIP）数据

图书馆读者服务与创新探索 / 刘菊花著. -- 长春 ：
吉林摄影出版社，2023.8

ISBN 978-7-5498-5928-3

Ⅰ. ①图… Ⅱ. ①刘… Ⅲ. ①图书馆工作－读者服务
－研究 Ⅳ. ①G252

中国国家版本馆CIP数据核字(2023)第159657号

# 图书馆读者服务与创新探索
**TUSHUGUAN DUZHE FUWU YU CHUANGXIN TANSUO**

| | |
|---|---|
| 著　　者 | 刘菊花 |
| 出 版 人 | 车　强 |
| 责任编辑 | 李　冰 |
| 封面设计 | 文　亮 |
| 开　　本 | 787 毫米×1092 毫米　1/16 |
| 字　　数 | 230千字 |
| 印　　张 | 10.5 |
| 版　　次 | 2023年8月第1版 |
| 印　　次 | 2023年8月第1次印刷 |

| | |
|---|---|
| 出　　版 | 吉林摄影出版社 |
| 发　　行 | 吉林摄影出版社 |
| 地　　址 | 长春市净月高新技术开发区福祉大路 5788 号 |
| | 邮编：130118 |
| 网　　址 | www.jlsycbs.net |
| 电　　话 | 总编办：0431-81629821 |
| | 发行科：0431-81629829 |
| 印　　刷 | 河北创联印刷有限公司 |

书　　号　ISBN 978-7-5498-5928-3　　　　定　价：56.00 元

# 前　言

　　图书馆逐渐演变成搜集、整理、收藏图书资料以供人阅览和提供情报服务的文化参考机构。它具有保存人类文化遗产、开发信息资源、提供社会教育等职能。随着社会经济、文化的发展，又出现了很多新的图书馆类型，如国家图书馆、公共图书馆、大学图书馆、专业图书馆等，它们在社会文化活动中承担着不同的任务。长期以来，图书馆界围绕图书馆服务进行了各方面的研究和实践，在不同时期赋予了图书馆服务不同的内涵。全心全意为读者服务是图书馆的根本宗旨，是图书馆工作的出发点和落脚点。这就决定了读者服务在图书馆工作中占有非常重要的地位，起着非常重要的作用。

　　本书主要研究图书馆读者服务的发展创新，探究国内图书馆读者服务工作现状与问题，审时度势，加快发展，开拓创新，探索多元化的发展道路是本书的宗旨，也是本书追求的最终目的。本书主要内容包括图书馆服务、图书馆服务体系，并对图书馆的核心业务与服务、图书馆读者工作进行分析和研究，之后在图书馆读者服务和图书馆的服务与创新做出探讨，最后详细分析了县级图书馆读者服务与创新。

　　在本书的写作过程中，为了能把最新、最前沿的知识介绍给读者，笔者参考引用了国内外许多相关的文献资料，在此向所有作者表示诚挚的谢意。由于笔者水平不足，加上时间仓促，本书不免存在不当之处，恳请专家与广大读者批评指正。

# 目　录

第一章　图书馆服务 ……………………………………………………………… 1

　　第一节　图书馆与图书馆服务 ……………………………………………… 1

　　第二节　图书馆服务的特点和内容 ………………………………………… 14

　　第三节　图书馆服务的原则 ………………………………………………… 19

　　第四节　图书馆服务的发展趋势 …………………………………………… 24

第二章　图书馆服务体系 ………………………………………………………… 27

　　第一节　图书馆的信息资源体系 …………………………………………… 27

　　第二节　图书馆的信息服务体系 …………………………………………… 31

　　第三节　图书馆的管理服务体系 …………………………………………… 40

第三章　图书馆的核心业务与服务 ……………………………………………… 51

　　第一节　馆藏建设 …………………………………………………………… 51

　　第二节　文献加工 …………………………………………………………… 52

　　第三节　文献提供 …………………………………………………………… 53

　　第四节　信息服务 …………………………………………………………… 54

　　第五节　读者活动 …………………………………………………………… 56

　　第六节　讲座与培训 ………………………………………………………… 57

第四章　图书馆读者工作研究 …………………………………………………… 58

　　第一节　读者工作概述 ……………………………………………………… 58

　　第二节　图书馆读者结构 …………………………………………………… 69

　　第三节　图书馆读者心理 …………………………………………………… 88

　　第四节　图书馆读者需求 …………………………………………………… 99

第五章　图书馆读者服务工作研究 ……………………………………………… 110

　　第一节　读者服务工作的内容与方法 ……………………………………… 110

　　第二节　读者服务工作在图书馆中的地位和作用 ………………………… 115

　　第三节　读者服务工作的发展趋势 ………………………………………… 121

**第六章 图书馆服务创新**·············································· 133

第一节 大数据时代图书馆服务的变革与创新 ············· 133

第二节 新技术在图书馆服务中的应用 ······················ 137

第三节 图书馆服务创新动力机制 ···························· 140

第四节 图书馆空间再造创新服务 ···························· 144

**第七章 县级图书馆读者服务与创新** ···························· 149

第一节 县级图书馆服务现状与应对 ······················ 149

第二节 县级图书馆与公共文化服务供给 ·················· 152

第三节 县级图书馆提升公共文化服务供给质量的对策 ········· 155

**参考文献** ······························································ 159

# 第一章 图书馆服务

## 第一节 图书馆与图书馆服务

### 一、图书馆的由来与定义

#### （一）"图书馆"的由来

图书馆的产生和发展是有一个过程的，图书馆的发展和变化与当时社会的经济和生产技术发展有密切的联系。

"图书馆"英文为"Library"，含义为藏书之所，来源于拉丁文的"Liber"图书一词。我国的图书馆历史悠久，只是起初并不称作"图书馆"，而是称为"府""阁""观""台""殿""院""堂""斋""楼"罢了。如西周的盟府，两汉的石渠阁、东观和兰台，隋朝的观文殿，宋朝的崇文院，明代的澹生堂，清朝的四库全书七阁等等。现在，我们之所以称"图书馆"，是因为它是一个外来语。1879 年，日本的"东京书籍馆"改名为"东京图书馆"，并且正式采用了"图书馆"这一名词。不久，"图书馆"一词由日本传入中国。1902 年清政府在颁布《学堂章程》时，在官方的文书上采用了"图书馆"一词，100 多年来，一直沿用着此称谓。

#### （二）图书馆的定义

图书馆的定义有广义和狭义之分，广义的定义是对图书馆这一人类社会现象的总的说明，是一般图书馆的定义。这个定义适用于不同的社会制度、不同的国家、不同的时代。狭义的定义是对一定时期、一定社会制度或某些特殊的图书馆下的定义。

1. 国外图书馆的定义

《英国百科全书》的解释：图书馆意思是很多书收藏在一起，这些是为了阅读、研究或参考用的。

法国的《大拉鲁斯百科全书》的解释：图书馆的任务是保存用各种不同文字写成的、用多种方式表达的人类思想资料，图书馆收藏各种类别的、组织起来的图书资料，这些资料用于学习、研究或一般情报。

日本《广辞苑》的解释：图书馆是搜集、保管大量书籍，供公众阅览的设施。

《苏联大百科全书》的解释：图书馆是组织社会利用出版物的文化教育和科学辅助机关。图书馆系统地从事搜集、保藏、宣传和向读者借阅出版物，以及进行图书情报工作。

美国的 J. 贝克在《情报学浅说》中，给图书馆下了这样的定义：图书馆是收集各种类型的情报资料、系统地加以整理并根据需要提供使用的地方。

美国图书馆学家巴特勒提出："图书馆是将人类记忆的东西移植于现在人们意识之中的一个社会装置"。

美国另一名图书馆学家谢拉认为：图书馆是这样的一个社会机关，它用书面记录的形式积累知识，并通过馆员将知识传递给团体和个人，进行书面交流。因此，图书馆是社会中文化交流体系的一个重要机关。

### 2. 国内图书馆的定义

在我国，20 世纪 30 年代就有一些图书馆学者相继给图书馆下了定义。刘国钧认为：图书馆乃是以搜罗人类一切思想与活动之记载为目的，用最科学、最经济的方法保存它们、整理它们，以便使社会上一切人使用的机关。

《辞海》中对图书馆的描述是这样：图书馆是搜集、整理、收藏和流通文献资料，以供读者学习和参考研究的文化机构。

卢震京 1958 年在《图书馆学辞典》中对图书馆定义作了如下解释：图书馆系根据其特定需要，搜集一切或一些人类文化在科学、技术、艺术及文学各方面所创造的精华记载，用科学、经济的方法整理保存，以便广大人民使用，进而帮助其接受马列主义，为完成社会主义建设所必需的知识的文化中心。

黄宗忠、郭玉湘、陈冠忠在 1960 年发表的《关于图书馆学的对象和任务》一文中认为："图书馆是通过收集、整理、保管、流通和宣传图书资料，为一定的阶级利益和一定的政治路线服务的一个文化教育机关"。

吴慰慈在《图书馆学概论》一书中提出："图书馆是搜集、整理、保管和利用书刊资料，为一定社会的政治、经济服务的文化教育机构。"而在《图书馆学概论》中是这样来述说的："图书馆是社会记忆（通常表现为书面记录信息）的外存和选择传递机制。换句话说，图书馆是社会知识、信息、文化的记忆装置、扩散装置"。

21 世纪初，我国图书馆界开展了图书馆新定义的讨论，胡述兆认为图书馆是用科学方法，采访、整理、保存各种印刷的与非印刷的资料，以便读者利用的机构。王子舟将图书馆定义为图书馆是对知识进行存贮、优化、检索，为公民平等、自由获取知识提供服务的机构。

由 2003 年图书馆定义所引发的学术争鸣可以看出，图书馆此时正经历一个快速变化的时期——新技术飞速发展和日益广泛普及，图书馆网络技术和信息技术的广泛应用，优化了图书馆的工作流程，扩充和丰富了图书馆收藏的资源，提升了图书馆的服务水平，拓展了图书馆的服务范围，使图书馆从传统图书馆向传统图书馆与数字图书馆并存的局面发展。这种变化主要是信息技术和网络技术的发展带来的。我们要给图书馆下一个科学而确切的定义的确是困难的，只能根据人们对图书馆的认识水平和程度，给某一阶段的图书馆下一个比较科学、比较确切的定义，因为社会是不断发展变化的，图书馆也是不断发展变化的。

## 二、图书馆服务

服务一直是图书馆讨论的主题，在某种程度上也是永恒的主题。阮冈纳赞提出图书馆学五定律和刘国钧论述图书馆学要旨时，他们都是围绕着图书馆的"服务"来展开的，因为服务是图书馆的灵魂、服务是核心、服务是基础、服务是一切工作的出发点的价值观和理念。

### （一）图书馆服务的定义

《中国大百科书·图书馆学情报学档案学》中将图书馆服务定义为："图书馆利用馆藏和设施直接向读者提供文献和情报的一系列活动，有时也称图书馆读者工作"。其言外之意是："现代图书馆不仅通过阅览和外借的方法为读者提供印刷型书刊资料，而且还提供缩微复制、参考咨询、编译报道、情报检索、情报服务、定题情报检索以及宣传文献情报知识的专题讲座、展览等服务"。

袁琳老师对图书馆服务的界定是：图书馆根据读者的文献信息需求，充分利用图书馆资源直接向读者提供文献和信息的一系列活动。同时，他把读者服务、读者工作和图书馆服务三者基本等同起来。

毕九江认为：图书馆服务是为满足读者的信息需求而开展的各项工作，服务可以划分为信息资源提供服务、信息咨询服务两类，图书馆服务的内涵并不单单是满足读者的信息需求而开展的各项工作，还应包括图书馆的服务理念、服务质量、服务环境以及在图书馆服务过程中工作人员的业务能力、服务态度等。

王世伟认为：图书馆的服务是图书馆人以建筑设施、技术设备、文献资源为依托，以真挚的情感、聪明的才智和自觉的行动为代价，从而提供适合于满足读者对知识、信息需求和心理满足的劳动活动过程及活动所产生的结晶。

鲁黎明将图书馆的服务定义为：图书馆为了满足社会和用户的文献信息等多方面的需求，利用自身的资源，运用多种方法所开展的一系列服务活动。

柯平指出：图书馆服务是读者工作或读者服务的发展，是超越传统的读者工作或用户服务范畴的一个概念，是想要达到读者还有社会的标准，借助图书馆馆藏还有另外所有资源，展示图书馆实际价值的所有行为。它涵盖了三个要素：一是对象，也就是读者和社会；二是内容，也就是借助图书馆资料；三是目标，也就是显示图书馆的实际价值。

刘昆雄认为现代图书馆服务具有四个层次：第一是作为休闲场所的图书馆服务；第二是作为学习场所的图书馆服务；第三是作为文化和信息中心的图书馆服务；第四是作为营销机构的图书馆服务。而图书馆每一个服务层次都是由许多具体的服务项目来实现的。

谭祥金先生把图书馆服务定义为利用图书馆资源满足读者对文献信息需求的行为和过程。

吴慰慈老师则把图书馆文献的使用和服务工作以及用户发展、用户研究、用户培训等一系列工作称为图书馆服务，并把其作为用户服务工作、读者服务工作的同义词。

谢景慧则认为图书馆将丰富的文献信息资源向社会、向读者传播就形成了图书馆特有的活动内容读者服务。

从各位学者对图书馆服务的各种界定分析，图书馆服务具有几个共同的结构因素：一是图书馆的服务对象——以读者为主体的社会各种组织和个人组成了图书馆服务的用户，其中某些个人和单位可能还不一定是图书馆文献信息资源的利用者。二是图书馆资源，也可称为图书馆服务资源，它是图书馆开展服务的基础条件，包括文献信息资源，人力资源，设施资源以及其他一切可以为社会和个人所利用的资源。三是图书馆服务对象以文献信息为主包括其他各种形式的服务需求。四是为满足社会和用户需要的各种服务手段和方式，它是服务实现的前提条件。因此，图书馆服务就是图书馆为了满足社会和用户的文献信息等多方面需求，利用自身的资源，运用多种方法所开展的一系列服务活动。这样一个定义，既符合目前图书馆服务工作的实际，又符合图书馆服务功能开放性发展的趋势，此定义具有一定的前瞻性。

### （二）图书馆服务的构成要素

图书馆服务的构成要素通常有四个，这四个要素相互联系、相互作用，从而保证图书馆各项服务工作不断变革、不断发展，不断适应读者日益发展的多元化、多层次的信息需求。

#### 1. 服务对象

读者是图书馆服务的对象，是文献信息资源的使用者，通常也被称为文献信息用户。读者是一个非常广泛的社会概念。对图书馆来说，读者通常指通过一定方式获得授权，从而具有利用图书馆各种资源权力的一切社会成员。个人、集体和单位都可以成为图书馆的读者。读者既是图书馆文献信息的利用者，也是图书馆文献的接收者，离开了读者对文献信息的利用，就不会产生读者服务活动。

### 2.服务的基础资源

基础资源是服务工作不可缺少的物质和人力条件保障。除了馆舍、软件、硬件、馆员等一般要素以外，作为社会特殊行业的图书馆，其服务的根本基础是图书馆拥有的信息资源，它是开展一切读者服务工作的前提条件。图书馆信息资源的内容十分丰富而广泛，它是图书馆按照自己的读者群体和服务任务，通过长期的建设而形成的巨大知识宝库。图书馆的信息资源通常具有两个基本特征，一是拥有海量的文献资源，包括传统的印刷型馆藏文献和强大的数据库群；二是拥有的信息资源具有相互支撑、相互关联的科学体系；三是拥有的资源通过各种联盟体系与外界资源构成纵横交错的联合保障体系。图书馆之所以能够拥有规模不等、不断成长的读者群体，原因就在于读者群体通过图书馆能够获得从其他社会机构和渠道难以得到的信息资源保障。因此，图书馆的文献资源体系是图书馆履行社会职能，赖以生存和发展的根本条件。

### 3.服务方法

图书馆服务方法，是指为满足读者特定的文献需求所采用的各种文献信息服务方式和手段所构成的多层次、多功能服务的有机整体。它是读者服务工作得以实现的基本保障，也是图书馆服务的基本手段。图书馆服务方法的形成既是社会分工发展的产物，也是自身演变的结果。各种服务方法相对独立，同时又相互渗透、相互联系，都具有相对独立的功能、效果和适用范围，有其产生和发展的历史背景。同时，各种服务方法之间又相互补充、共同发展。图书馆服务方法主要包括图书、报刊等文献的外借服务、阅览服务、复制服务、参考咨询服务，以及数字资源的网络信息服务等。随着社会对文献信息的广泛应用，图书馆的服务体系也会不断得到提升和丰富。

### 4.组织管理

组织管理是图书馆服务工作顺利进行的有效组织保证。图书馆服务的组织管理是指以先进的服务理念为指导，充分应用现代的科学方法和管理技术，对读者服务活动进行科学计划、组织、指挥、协调、控制的过程。图书馆服务的组织管理既贯穿于整个服务活动过程，同时也贯穿于图书馆工作的全部过程，其实质是有效地运用人力、物力、财力等基本因素，对图书馆服务系统的不断运动、发展和变化，进行有目的、有意义地控制，以达到最大限度满足社会文献信息需求的总体目标。

## （三）图书馆服务的分类

### 1.图书馆文献信息服务

图书馆利用文献信息资源直接向用户提供文献和信息的一系列活动，均属于图书馆文献信息服务。对于大多数图书馆，文献信息服务是服务的最主要内容，如文献外借、阅览，文献检索、数据库访问等，都属于文献信息服务。在很长一个时期里，图书馆丰富、独特且经过科学组织的文献信息资源，保证了图书馆在提供文献信息服务方面具有自己的优势。进入网络时代后，图书馆文献信息服务增添了新的内容，即利用网络获取不属于本馆馆藏的信息，为用户提供网络文献信息服务。

### 2. 图书馆非文献信息服务

此类服务是指那些依赖于图书馆员工及图书馆建筑设备等资源提供的服务，包括由图书馆员对读者提供参考咨询、社会教育，以及利用图书馆建筑设备为读者提供娱乐休闲等。图书馆拥有训练有素、长期从事信息服务的馆员，这些馆员除了为用户提供文献信息之外，还能利用自己的知识与技能、对用户提供参考咨询或社会教育服务。图书馆还具有场地，对于公共图书馆，图书馆场地是一个市民的公共空间；对于机构图书馆，图书馆场地是机构所服务对象的共有空间。图书馆管理者可以利用这个空间提供各种服务，用户既可以在这个空间中阅读或学习，也可利用它来进行娱乐与休闲活动。

## 三、图书馆服务发展历程

图书馆的服务是变化发展的，服务方式大体经历了以下六种形态，在整体上呈现阶梯函数，其中的每一个较高层次都源于较低层次，但呈现出优于较低层次的新的特征。

### 1. 文献实体服务

考古发现，约公元前 3000 年在两河流域的古巴比伦王朝的一座寺庙废墟附近，就有大批泥版文献被集中在一起，成为已知最早的图书馆。直到近代印刷革命和产业革命之前，古代图书馆——无论是西方的尼尼微皇宫图书馆、亚历山大图书馆、欧洲中世纪的寺院图书馆，还是中国殷商时期的"窖"藏甲骨、周代的守藏室、隋唐的书院——在整体上都表现出对社会的封闭性，由此便决定了古代图书馆以文献实体服务为特色的服务内容与方式。

### 2. 书目信息服务

书目的根本特点在于它组织的不是信息资料本身，而仅仅是关于它们的信息。人们对文献实体分离出来关于文献的信息，并为克服文献与需求者的矛盾以达到统一记录和组织这些文献信息的活动，是一切书目活动的历史和逻辑的出发点，而提供书目信息服务则是书目活动的目的和归宿。

在我国，由于纸质载体和印刷技术的发明，古代文献卷帙浩繁，书目信息工作由来已久。在西方，书目信息服务大体上与近代图书馆的发展同步，西方近代图书馆起源于文艺复兴和宗教改革时期，欧洲进入资本主义社会后，大机器生产需要有文化的工人，教育开始普及到平民，文献生产能力大大提高，从而使一些全国的图书馆对外开放。17 世纪开始，德国图书馆学家 G. 诺德提出图书馆不应仅为特权阶层服务，应该向一切想来图书馆学习的人开放。到 19 世纪中期，以英、法等国为代表的工业革命基本完成，科技革命迅速发展，以英国的《哲学汇刊》、德国的《药学总览》、美国的《工程索引》等为代表的科技书刊和文献索引纷纷出现。西方的目录学也正是在这样的经济、科技的基础上获得了快速的发展。以 1895 年世界性的目录学组织"国际目录学会"的成立为标志，世界目录学实现了从传统目录学向现代目录学的转变。

与此同时，除了传统的文献实体服务之外，各种书目信息工作、服务和管理在图书馆中开始活跃起来，尤其是分类目录、卡片目录和各种二次文献信息产品的开发，新到书刊目录报道、推荐书目服务以及相关的书目控制、书目情报系统建设等，逐步成为图书馆活动和服务的中心工作。

### 3. 参考咨询服务

参考咨询是指图书馆员对用户利用文献和寻求知识、信息方面提供帮助的活动，它是以协助检索、解答咨询和专题文献报道等方式向读者提供事实、数据和文献检索。参考咨询更加强调图书馆的情报职能，更为注重用户的信息需求，它将书目信息服务提升为不仅为用户提供书目工具，还要解决实际问题。

一般认为，比较正规的参考咨询服务是 19 世纪下半叶最早在美国公共图书馆和大专院校图书馆开展起来的。1876 年，伍斯特公共图书馆馆长 S. 格林在向美国图书馆协会第一次大会提交的题为《图书馆员与读者之间的个人关系》一文中提出图书馆对要求获取情报资料的读者应给予个别帮助。此文被视为关于图书馆开展参考咨询服务的最早倡议。1891 年，图书馆学文献中出现了"参考工作"这一术语，此后参考咨询服务理论逐渐被图书馆界接受和应用。

20 世纪初，多数大型图书馆成立了参考咨询部门，并逐渐成为图书馆服务中的一项重要内容。随着文献信息的激增和用户需求的增长，早期的指导利用图书馆、利用书目解答问题等服务内容逐渐发展到从多种文献信息源中查找、分析、评价和重新组织情报资料，到 20 世纪 40 年代，又开展了包括回答事实性咨询、编制书目、文摘，进行专题文献检索，提供文献代译和综述等服务项目。

### 4. 信息检索服务

20 世纪中后期，西方工业国家的科技发展使信息处理问题凸现出来，尤其是以德国、英国、美国和苏联为主的一些国家积累了大量的需要处理和利用的科技文献资料和科研成果，计算机问世并被应用于文献加工领域，新学术思想活跃以及新的学科的不断诞生。与此同时，一些图书馆开始利用计算机和现代通信技术建成各种文献数据库、数值数据库和事实数据库，并逐步实现了联机检索。使参考咨询服务中的部分工作自动化；另一方面，参考咨询工作的流程，即接受咨询、进行查询、提供答案、建立咨询档案等流程，也为信息检索服务的方法和策略提供一种框架。这些都使得信息检索服务方式呼之欲出。1945年，美国科学家V.布什在《诚若所思》（*As we may think*）一文中首次提出了机械化检索文献缩微品的设想；1948年，C.N.莫尔斯提出了信息检索的概念和思想；英国文献学家S C.布拉德福于1948年发表了《文献工作内容的改进和扩展》一文，强调了自19世纪90年代以来蓬勃发展的文献工作到20世纪40年代所面临的必须革新的局面。这些都铸成了图书馆文献服务内容与方式，从文献实体或文献信息为主体向信息资源为核心的历史性转变。

至此之后，图书馆工作中的许多工作，诸如信息收集、信息组织、检索语言的编制、用户需求的调研等都开始以信息检索服务为中心开展起来。从20世纪50年代开始，美国的M.陶伯、A.肯特、H.P.卢恩发明了题内和题外关键词等索引，英国的布拉德福和B C.维克利对文献分布、R.A.费尔桑对分类检索、C.W.克莱弗登对检索系统性能的评价问题等都分别做了研究。

尤其是20世纪90年代，各种计算机检索系统都迅猛地发展起来。如美国国家航天和航空局的RECON信息检索系统、美国国立医学图书馆的MEDLARS、洛克希德公司的DIALOG、系统发展公司的ORBIT及数字检索服务社（BRS）的联机检索系统等都相继投入使用。

随着检索的智能化、数据挖掘、知识发现的发展，以及各类信息咨询和信息调查机构的兴起，全文本、多媒体、多原理和自动化等新型检索方式将会取得长足的进步，信息检索服务将演变成图书馆网络化知识服务的基础和手段。

### 5. 网络化知识服务

网络化知识服务是与信息资源的网络化和知识经济、技术创新的社会背景息息相关的也是信息检索服务发展的必然结果。20世纪90年代之后，随着网络技术的发展和普及，图书馆的数字化，信息资源的网络化，信息系统的虚拟化，以及各种非公益性的信息机构将包括文献信息检索、传递在内的信息服务直接提供给最终用户，导致信息交流体系和信息服务市场的重组，图书馆对信息服务的垄断地位也不复存在。这些都促使图书馆必须迅速调整和充实服务的内容和策略，重新定位其核心竞争能力，使现有的以信息检索为核心的服务方式向网络化知识服务方式转变，以保证其在数字化、网络化环境中的社会贡献、用户来源和市场地位。

网络化知识服务是图书馆信息服务的高级阶段，是一种基于网络平台和各类信息资源（馆藏物理资源和网络虚拟资源）、以用户需求目标驱动的、面向知识内容的、融入用户决策过程中并帮助用户找到或形成问题解决方案的增值服务。网络化的知识服务具有个性化、专业化、决策性、整合性和全球化等特征，基本上属于单向或多向主动型服务。

### 6. 智慧型服务

智慧服务是建立在知识服务基础上的，运用创造性智慧对知识进行搜集、组织、分析、整合，形成全新的知识增值产品，支持用户的知识应用和知识创新，并将知识转化为生产力的服务。作为图书馆服务发展的新形态，智慧服务不同于其他形态，具备崭新的服务理念，并兼具创新发展、可持续发展特点。

通过对互联网的数字编码感知，主动感知对象，对其进行知识描述，把某一领域信息的单种文献，与读者、馆员等信息个体互联，拒绝信息的碎片化，智能互联前台的读者与后台的馆员。智慧型服务还能把实际工作进行虚拟化，如通过情景感知，推送用户感兴趣的资料；通过传感设备，三维立体显示地图指引、自助借还等，以期实现全社会的感知。

在智慧服务环境下，因为多种网络渠道、通信工具的使用，信息是泛在的、立体互联存在的，可以是图书馆与人的互联，如座位信息管理系统；也可以是人与人的互联；书与书的互联。智慧服务的对象，利用物联网，在感知层中自动组网，汇聚和转换各种数据，识别不同领域，跨部门和跨行业，甚至跨区域、跨国界，实现泛在的深度互联。

智慧服务的管理对象主要是馆内文献资源和用户。因此智慧化服务对象可表现为：一是借阅和打印、扫描馆藏资源，以及图书逾期款的支付，座位预约等，还包括对图书馆建筑中的灯光、温度、湿度、电梯、门和安保摄像头等物理环境、及日常维护的管理；二是对用户的管理，包括用户个人借阅信息的智能化分析，用户行为的跟踪等等，目的是为其提供深层次的个性化服务。智慧服务广泛、立体地感知和互联，不仅使馆内实现物物相联、物人相联，为深层次的智慧管理和服务提供了帮助，而且还实现了高效管理。

相对于传统服务，智慧服务融入了更多的技术，但仍坚持"以人为本"的理念，其功能特点的实现仍以提供人性化的服务为目标。不同于以往服务，智慧服务能够主动感知用户需求，为其提供个性化的智慧服务；同时，智能化的馆舍，从温度、亮度、湿度等方面，通过严格而精准地调控，为读者创造一个舒适的环境。更有一些馆内自助设备、通借通还，以及3D导航等服务模式，都将人性化的服务理念体现得淋漓尽致。

近年来，泛在图书馆理论和泛在图书馆应用的思想在国内外图书馆界极其活跃，已成为专家、学者们关注和研究的热点。泛在图书馆给出了数字图书馆新的内涵和定义，泛在知识环境带来了数字图书馆服务环境和用户需求的变化，也改变了数字图书馆的研究向。泛在图书馆就是要构建多语种、多媒体、多格式、多形态、移动的、多语义的数字图书馆知识网来检索人类知识，使信息服务将更加实质性地转向知识服务。

# 四、图书馆服务理念

服务理念是指人们从事服务活动的主导思想，即服务主张和服务理念。图书馆服务理念则是图书馆开展服务工作的理论依据和行动准则，它不仅是"为建立理想的用户关系、赢得用户信任所确定的基本信念和价值标准，同时也是馆员在从事服务工作中应遵循的基本信念和准则"。树立正确的服务理念，为用户提供满意优质的服务，将永远是图书馆的头等大事。从19世纪50年代开始，在多年的发展历程中，图书馆的服务理念也随着时代的演变不断深化与完善。

## （一）国外图书馆服务理念

### 1. 杜威的图书馆读者服务"三适当"准则

19世纪下半叶，图书馆学在美国得到巨大发展，卡特和杜威是其中一批杰出的图书馆学家的代表。1876年美国著名图书馆学家杜威提出图书馆读者服务"三适当"准则，即"在适当的时间，给适当的读者，提供适当的服务"。这条准则将图书馆资源的选择、提供与图书馆服务结合起来，对确立图书馆的服务理念具有开拓意义。

### 2. "一切为了读者"的思想

列宁明确指出，图书馆要"方便读者"，"吸引读者"，"满足读者对图书的一切要求"，"帮助人民利用我们的每一本书"。列宁关于图书馆服务"一切为了读者"的思想，是其辩证唯物主义和历史唯物主义思想的具体体现。他认为，在服务方向上，图书馆要高度重视馆藏文献的流通和使用，"不仅对学者和教授开放，而且也对一般群众和市民开放"，要尽可能吸引读者，方便读者，迅速满足读者对图书的要求；在服务范围上，要尽可能扩大读者群体，各机关团体图书馆要向社会公开开放；在服务方式上，图书馆要广泛采用馆际互借的方式，提供各馆藏书的免费服务，并采用开架借阅模式；在开放时间上，要尽可能延长开放时间，节假日也不例外；在服务过程中，要注意提高参考书的利用率，从读者的需要和使用效果出发，将执行制度的原则性与灵活性有机地结合起来。

### 3. 阮冈纳赞的图书馆学"五定律"

1931年，印度图书馆学之父阮冈纳赞在《图书馆学五定律》一书中，提出了著名的图书馆学"五定律"，它们是：书是为了用的（Books are for use）；每个读者有其书（Books are for all）；每本书有其读者（Every book has its reader）；节省读者的时间（Save the time of the reader）；图书馆是一个生长着的有机体（The a library is a growing organism）。

第一定律"书是为了用的"，这是图书馆的基本法则，是图书馆开展一切服务工作的前提和存在的价值。它表明图书馆不仅具有收藏和保护图书的职能，更重要的是要使图书充分发挥它的作用。它彻底改变了传统图书馆以"收藏"为主的服务观念，确立了以利用为根本的服务宗旨，点出了图书馆工作职能的精髓。第二定律"每个读者有其书"，它改变了"书为特定少数人服务"的理念，提出了图书的社会化。阮冈纳赞认为应一视同仁地向每个人提供图书，所有人都享有看书、学习和享受的机会。这种坚持平等权利原则的主张，鲜明地体现了以人为本的服务宗旨，揭示了近现代图书馆服务的本质。这条定律也即"书为人人"。第三定律"每本书有其读者"，其基本理念是让每一本书都能得以使用，使每本书找到需要它的读者，强调的是图书馆的藏书应具有较强的针对性，能充分发挥效用。为此，图书馆应努力采取一切的手段与方式来"为书找人"。这条定律为图书馆开展读者服务提供了理论基础。可以说，它与第二定律从根本上确立了图书馆服务从"书本位"向"人本位"转变的基本思想认识。第四定律"节省读者的时间"，它强调的是图书馆服务的效率和效益，也就是说要改革管理方法，节省读者的宝贵时间。第五定律"图书馆是一个生长着的有机体"，它概括了图书馆的发展观，认为图书馆的发展不仅包括图书馆内部的藏书、读者和工作人员的不断发展，也包括由于客观形势的变化而引起的图书馆工作在深度和广度上的发展。这条定律对图书馆事业的可持续发展提出了理论依据。

阮冈纳赞的图书馆学"五定律"是对杜威图书馆服务"三适当"准则的继承和发展，深刻揭示了图书馆的使命、存在价值、发展机理和发展规律，强调了图书馆应以读者为中心、服务至上的理念和图书馆要适应社会需求的发展思想。这五条定律所体现出的"以人为本"的思想，对图书馆学的发展具有深远的影响，为确立现代图书馆服务理念奠定了思想基础，一直被图书馆界尊为经典理论。

### 4. 米切尔·戈曼的图书馆学新五定律

1995 年美国学者米切尔·戈曼（Michael Gorman）在阮冈纳赞的基础上，又提出了图书馆事业的五条新法则，人们称之为"新五律"。其主要内容是：第一定律"图书馆服务于人类文化素质"，认为为个人、团体及整个社会服务是图书馆工作最重要的原则，是图书馆工作产生、存在与发展的第一推动力。第二定律"重视各种知识传播的方式"，认为面对电子图书的冲击，应重视各种知识传播方式。因为每一种新的传播方式都是对原有传播方式负载能力的增强与补充。第三定律"明智地采用科学技术，提高服务质量"，认为要明智地将新技术与新方法成功地结合到现有活动和服务的过程中，充分利用科学技术的优势来提高服务的质量。第四定律"确保知识的自由存取"，认为图书馆应成为人类文化成果和知识的共同收藏之所，要努力保持向所有人开放，使所有人都有机会使用。第五定律"尊重过去，开创未来"，强调图书馆应在继承和发展传统服务的基础上，调整和变革图书馆服务的功能和意义，通过不断地创新，以发展的眼光看待未来，才能与时俱进，既保持自己的特色，又争取更美好的前景与未来，在时代发展中立于不败之地。

"新五律"是针对当今图书馆及其未来发展趋势而提出的,具有其鲜明的时代特征。它是对阮冈纳赞图书馆学五定律所蕴含真理的重新解释,它强调了服务的目标、质量,而且把服务的内涵提高到了人类文化素养、知识传播和对知识的自由存取的高度,指出随着时代的发展,科技的进步,信息环境、用户的需求都在发生着变化,图书馆工作不断地出现新的内容,但服务仍是图书馆的最根本所在。

5. "3A" 服务理念

所谓 3A 理念(Anytime、Anywhere、Anyway)是指无论用户在什么时间、什么地方、通过何种方式,都能得到图书馆方便、快捷高效的文献信息服务。要使这个理念变为现实,有赖于"虚""实"两个用户服务系统作为依托。所谓"虚",就是基于网络的虚拟用户服务系统或称虚拟参考咨询服务系统。目前,上海交通大学图书馆等图书馆网站已经基本建成了"网上(虚拟)参考咨询台",使用户可以随时随地与各位参考咨询馆员通过电子邮件或电话取得联系,获得各种与文献信息检索相关的指导和帮助,可以随时随地利用"常见问题解答"得到有关问题的答案,可以随时随地通过"网上参考工具书"查阅网上免费的在线词典、百科全书、地图集,可以随时随地通过"学习中心",学习、掌握各种电子资源的使用方法。所谓"实",就是基于流通、阅览、声像等业务部门以及遍布各个部门的实体参考咨询平台。"虚""实"结合,使图书馆服务的时间、空间从有限变为无限,服务方式由比较单一趋向多元化。

## (二)国内图书馆服务理念

### 1. "读者第一、服务至上"理念

我国的图书馆服务理念较晚,从"五四运动"前后担任北大图书部主任的李大钊提出"现在图书馆已经不是藏书的地方,而为教育的机关"以及随后各大学图书馆的发展,再到 20 世纪五六十年代提出"千方百计为读者服务""一切为了读者""最大限度地满足读者的借阅要求",八九十年代提出"读者至上、服务第一"的口号。这样,一个以"读者第一"为最高理念的进一步开放的读者服务观念就基本形成,从而树立起具有行业特色的服务观念。

### 2. 柯平的图书馆服务的"新五定律"

南开大学的柯平教授结合信息时代图书馆服务的发展要求,对原五定律的服务精神进行了提炼,他提出了建立图书馆服务的"新五定律":第一定律是"全心全意地为每一个读者或用户服务",强调依然要从思想上树立"以读者或用户为中心"的服务理念。第二定律是"服务是'效率、质量与效用'的统一",强调了服务过程中要注意"效率""质量""效用"三者缺一不可,既要保证质量和效用,又要节省读者时间。第

三定律是"提高读者和用户的素养",强调图书馆应采取各种有效措施,努力提高读者和用户的各方面技能与素养,以保证其能自如获取图书馆提供的各种知识与信息。第四定律是"努力保障知识与信息的自由存取",强调的是图书馆服务的最高境界和目标。第五定律是"传承人类文化",强调图书馆服务的长远目的是促进生产力的发展和社会的进步,促进人类文化的发展。

### 3. 范并思的图书馆学 2.0 五定律

当前,我们面临着新一轮的 Web2.0 所带来的 Lib2.0 浪潮的冲击,面对改变了的新的信息环境,新劳务定律又孕育了新的思想内涵。2006 年 3 月,范并思先生在自己的博客上提出了 Lib2.0 五定律:第一定律是"图书馆提供参与、共享的人性化服务"。指出 Lib2.0 所实现的不仅是要提供人性化的服务,将人文理念自觉地运用于信息技术中,使用户在图书馆服务和利用服务的方式上拥有更多的自主权,能够更好地相互分享,而且要创造条件让用户积极地参与。共享与参与的理念已成为图书馆在网络时代存在的基础。这个原则是阮氏的"书是为了用的"在新的网络环境下的应用与拓展。第二定律是"图书馆没有障碍"。它表明人们在使用图书馆时只要没有障碍,每个人都可便利地获得他想要的信息。这个原则是与阮氏的第二定律"每个读者有其书"相对应的。第三定律是"图书馆无处不在"。在信息时代只有实现了图书馆无处不在,才能真正体现"每本书有其读者"的精神。第四定律是"无缝的用户体验"。也就是说对用户而言,图书馆提供的资源与服务是一体的,它是网络环境下节省用户时间的最高境界。它是阮氏第四定律"节省读者的时间"在新时期的另一种表述。第五定律是"永远的 Beta 版"。它体现为图书馆信息资源与信息系统的永续生长,"永远的 Beta 版"的 Web2.0 术语,准确地描述了在网络时代"图书馆是一个生长着的有机体"的时代特征。

可见,范并思教授的图书馆学 2.0 五定律同样强调并深化了图书馆服务是人性化、无障碍的服务,强调用户的参与和协作,注重用户的体验。指出在 Web2.0 技术的支撑下,以用户为中心、参与、共享、无障碍获取、无缝、高效地服务是图书馆存在的基础,强调了图书馆的服务无处不在。

从以上这些新老五定律的提出可以看出,服务是贯穿图书馆发展始终的原动力,服务的内涵随着时代的需求不断变更和升华。但无论图书馆如何发展,发展形态如何改变,唯一不变的是图书馆的服务宗旨,服务始终都是第一位的。"以人为本""服务第一"的理念成为图书馆改革和发展的出发点和归宿,成为现代图书馆服务的最高理念。

# 第二节　图书馆服务的特点和内容

## 一、图书馆服务的特点

随着社会与科技水平的发展及计算机和网络快速普及，图书馆的服务呈现出新的特点，其主要有：

### （一）服务虚拟化

随着现代信息网络技术的广泛应用，建立在虚拟馆藏资源和虚拟信息系统机制上的新型信息服务模式逐渐形成。这种虚拟化的服务彻底改变了以文献信息资源为主线的传统图书馆服务模式。图书馆的服务始终处于一个动态和虚拟的信息环境中。通过网络传输，图书馆既可以利用自有或自建的数字化馆藏资源，又可以利用电子邮件资源、网络新闻资源、FTP 资源、WWW 资源、Gopher 资源等多种互联网资源，这种无形的、即时的虚拟化信息服务突破了时空限制，使得图书馆为读者提供无所不在的信息服务成为可能。因此，服务虚拟化包括服务资源的虚拟化（即信息资源的数字化、虚拟化）和服务方式的虚拟化（即由面对面的阵地服务转变为面向虚拟读者、虚拟环境的服务）。其实质是图书馆由向具体人群提供实体文献服务，转变为向非具体化读者提供虚拟的数字服务。

### （二）文献多样化

随着数字资源的急剧增长，图书馆为读者服务的文献信息资源已呈现出印刷型文献与联机数据库、电子出版物、网络化信息资源并重的格局。信息载体多样化的发展打破了纸质文献一统天下的格局，也改变着读者利用文献的习惯与观念。读者对信息载体的需求已不再局限于印刷型文献，单一的纸质文献及其传递方式已不能满足读者多元化的信息需求，读者的信息需求越来越多地转向各种类型的数字资源。同时，以现代视频技术为手段而大量涌现的数字视频信息资源，也为获取丰富的多媒体信息创造了条件。因此，文献多样化使得图书馆在文献保存、信息交流和教育的基础上，极大地拓展了服务空间，信息服务保障能力也得到极大提升。

### （三）信息共享化

由于网络及各种信息技术的广泛应用，图书馆信息服务的观念发生了巨大变化，人们逐渐从习惯于依靠自己所熟悉的一个图书馆获取信息服务，走向依靠图书馆联盟乃至基于共享技术整合在一起的泛在云图书馆获取信息资源。现代图书馆不再是一个个孤立存在的信息实体，而是整个社会信息网络的一个个节点。图书馆之间的信息共享服务有了越来越大的空间和自由，其交互需求与作用也越来越强。共享思想与共享技术使信息资源共享服务从来没有像现在这样成为现代图书馆服务不可或缺的有机组成部分，使真正意义上的信息资源共享成为图书馆服务的重要特征。

### （四）需求个性化

随着经济社会发展对信息需求的深度和广度日益提高，读者对信息的个性化服务需求越来越突出。而图书馆通过专业馆员队伍素质的提升、现代信息技术的广泛应用以及信息综合保障能力的快速提高，为读者提供定制化、自助性、全天候的个性化服务，已成为现代图书馆读者服务工作发展的主要方向。在这样的服务过程中，读者的自主性得到张扬，个性得到满足。这种个性化的服务正逐渐成为图书馆界追求的服务新理念。

### （五）交流互动化

图书馆借助网络与通信技术与读者建立起了十分便捷有效的交流关系。一方面，图书馆可以及时、准确地掌握读者的信息需求动态；另一方面，读者也可以自由地向图书馆表达具体的信息需求。图书馆根据读者的信息需求通过有目的的搜索、过滤、加工、整理，形成信息集合，以多种途径与形式主动发送到用户终端，满足读者的信息需求。读者则足不出户就可直接、快捷地从图书馆获取自己所需的信息，减少了操作的盲目性；同时，读者还可以把个人的文献资源通过信息共享空间等渠道上传后，提供给图书馆和其他读者，使图书馆与读者双方建立起通畅的互动交流机制。

### （六）服务多元化

图书馆通过计算机技术、远程通信技术和网络信息处理技术有机结合建立的网络服务平台，从根本上改变了图书馆的信息资源开发、组织和控制调度状况，使读者可以方便地按主体客观需求在网络环境下集中获取所需信息，即在网络中将各类信息获取方式融为一体，实现信息交流、查询、获取、阅读和发布的一站式集成化服务。在空间上，用户不仅可以到图书馆享受比以往任何时候都优越的读者服务。更不用亲自到图书馆，在家里或其他任何有网络的地方通过注册就可进入图书馆网页，查阅信息资源，变远距离为近距离，跨越空间的界限；在时间上，读者可以在任何时间通过有线或无线网络访问图书馆，也可以在同一个时间段内同时检索和借阅注册过的多家图书馆的资源，通过搜索、筛选，获得他认为最需要、最合适的信息资源。图书馆服务呈现出多元化、立体化、全天候的特征。

## 二、图书馆服务的内容

在图书馆的各项业务工作中，围绕服务形成了一个内容丰富的完整工作体系，主要包括以下五个方面：

### （一）研究读者

研究读者是开展图书馆服务工作的重要内容和前提条件，它包括研究读者的文献需求和阅读规律两个主要方面。读者是图书馆这个社会组织的基本组成要素之一，是图书馆得以存在的根本。读者对图书馆的文献信息需求和利用规律，最直接、最具体地体现了社会的需要，它是图书馆赖以生存的土壤，也是图书馆一切工作的出发点和归宿。

开展读者研究有助于从总体上把握读者需求的特点和规律，提高图书馆服务的针对性，并对读者动机加以正确引导，不断改善和拓展图书馆服务的针对性，并对读者动机加以正确引导，不断改善和拓展读者服务的方式和服务领域，提高图书馆服务工作的质量与水平。

#### 1. 读者的文献需求研究

研究读者的文献需求就是对不同层次的读者在阅读需要、阅读目的、阅读过程中的特点及其规律进行研究。一般来说，不同层次的读者对信息资源的需求不同，读者在不同时期所需要的信息资源不同，其阅读目的也不完全相同。此外，现代图书馆还需要特别关注读者其阅读的目的也不完全相同。此外，现代图书馆还需要特别关注读者对不同类型文献的需求差异、不同渠道获取信息的差异，以及不同信息环境下的文献需求差异。

#### 2. 读者的阅读规律研究

这方面的研究可以从两方面着手：一方面，对读者心理及行为规律进行研究，即对读者在鉴别、提取、利用信息过程中的行为习惯和阅读规律进行研究，它既包括阅读动机、阅读兴趣、阅读能力和阅读习惯的研究，也包括对读者、对文献的选择行为和文献获取行为的分析、对读者使用各类型信息资源特点的研究、读者阅读效果的评估等。另一方面，要对读者信息素养及信息意识进行研究，包括社会的发展与变化对读者文献需求意识的影响、社会环境与读者需求结构的关系等。

### （二）组织读者

组织读者是图书馆为实现服务和管理目标而围绕服务工作实施的管理措施。它的主要任务是读者队伍的组织与发展，包括确定读者服务范围与服务重点、制定读者发展规划与计划、定期发展与登记读者、划分读者类型、掌握读者动态、组织与调整读者队伍等。

组织读者应根据图书馆的任务变化和环境变化，不断研究和掌握读者变化而展开。只有把握住读者的阅读规律，掌握读者的阅读需求，才能使图书馆服务不断与读者的需求相适应，使图书馆服务管理方式的变革与读者需求的变化同步，才能找出提高图书馆服务工作和管理工作水平的方法和途径。

发展读者队伍是组织读者工作的一项重要内容。拥有规模化的读者群体是图书馆一切工作的前提，只有拥有了广泛而确定的大量读者，图书馆的资源建设、服务管理才有了明确的目标，才能通过大量的高水平服务实现图书馆的社会价值。

不同类型图书馆发展读者的重点和发展方式有很大差别。高校图书馆是为本校服务的信息机构，因此，高校图书馆的读者成分比较单一，主体是本校的师生员工，其读者的确定和发展通常可通过读者账户注册实现。学校的教职员工只要进行简单的读者登记，由图书馆发放表明其基本身份信息的借阅证就可以成为图书馆的正式读者。研究单位、机构等图书馆的读者发展方式大体与高校图书馆类似。而公共图书馆是面向某个行政区域内所有公众的，因此，公共图书馆的服务对象十分广泛，读者的构成也比较复杂，需要在有服务需求的个人或团体向图书馆提出注册请求的基础上，由图书馆根据办馆的方针、任务、规模和条件以及读者的阅读需求特点等才能确定是否授予申请者享受本图书馆的权限。只要符合本馆读者发展条件的申请者就通过注册成为正式读者。

受读者文化层次、信息需求、年龄、职业、工作任务等各种因素的影响，不同类型的读者对图书馆服务的期望和要求存在很大差别。由于图书馆的主要任务不同，资源、人员、环境和经费也很有限，图书馆需要在研究读者的基础上，通过制定不同类别读者使用图书馆的权限规则，以及读者管理系统的身份认证与权限管理，将庞大的读者群划分为在某些方面具有需求共性、使用行为共性的读者群体，从而在普遍服务的基础上实现针对不同需求的差别化服务。

读者发展、细分、管理的成果一般都通过图书馆的读者注册与身份认证管理系统固化下来。这既是了解读者、研究读者的重要资料，也是图书馆开展一切工作的基础数据，更是评价图书馆绩效、制定发展规划、进行服务与管理改革的重要基础。

### （三）组织服务

充分利用图书馆的各种资源，在深入研究和准确掌握读者需求的基础上，通过组织开展多层次、多角度的全方位服务，最大限度地满足读者的文献信息需求，是图书馆服务工作的中心环节，也是图书馆实现社会价值和最终服务目标的重要手段。

图书馆服务是图书馆各项工作的外在表现形式，也是图书馆中最具活力、最富创造性的工作。组织服务工作的主要内容包括优化读者服务方式、扩大读者服务范围、增加读者服务内容和提高读者服务水平等几个方面。一个图书馆以何种方式服务于读者，主要取决于本馆的性质、规模和读者需求，还要随着图书馆的发展和读者需求的变化而不断变化。

图书馆的传统服务方式是根据读者的实际需求，利用馆藏资源、馆舍设备以及环境条件，有区分地开展各项服务活动，包括文献查询、外借服务、阅览服务、复制服务、咨询服务、检索服务、订题服务、编译服务、报道服务、展览服务、情报服务等。由于读者需求具有广泛性、多样性和复杂性，几乎所有图书馆都根据自身特点，以这些服务方式为基础，组织建立起多类型、多级别的综合服务体系，以有效地满足各类读者对文献的不同层次需求。帮助读者解决在学习、研究、工作中选择书刊、查询资料以及获取知识信息方面的各种具体问题。

随着网络的普及和计算机技术在图书馆中的广泛应用，现代图书馆的服务方式由传统的服务转向了现代化数字图书馆服务。因此，充分利用网络为读者提供服务已经成为现代图书馆的服务方向。这方面的服务包括资源检索、全文浏览、文献下载、自助借阅、虚拟参考咨询、网上读者调查、资源导航、特色数据库、移动阅读、用户文件上传与共享、个人学习空间、用户意见征集与实时交流等。

图书馆服务的组织应根据本馆的具体情况和社会发展水平来决定，总的要求是用最少的投入，在最短的时间内，为最多的读者提供最好的信息资源。

### （四）宣传辅导

读者宣传辅导工作是图书馆教育职能的体现。它包括读者宣传、读者辅导以及读者培训三个方面的内容。

#### 1. 读者宣传

读者宣传是图书馆对读者进行科学管理的基本手段之一。宣传的目的是在了解和研究读者阅读需要的基础上，主动向读者揭示、推荐信息资源的形式与内容，宣传先进思想、科学知识、职业技术以及广泛的文化信息，通过多种形式，把读者最关心和最需要的信息及时展现在读者的面前，吸引读者利用图书馆的各种资源和服务，使图书馆的资源得到最大限度的利用。

#### 2. 读者辅导

读者辅导是指针对不同读者的具体情况，有区别地为读者答疑解惑、排忧解难。读者辅导需要图书馆员充分掌握信息资源的特点，熟悉图书馆各项服务流程，了解读者行为习惯和信息需求心理，使读者熟悉图书馆各项服务流程，了解读者行为习惯和信息需求心理，在读者利用图书馆各项服务的过程中，积极影响读者选择阅读范围，引导他们正确地选择信息资源内容，帮助他们学会利用信息资源和图书馆资源，有针对性地为每位读者提供帮助和信息技能指导，以促进读者更好地获得知识，提高阅读能力及阅读效果。

### 3. 读者培训

读者培训是指根据不同读者群体的共性需求，通过开展讲座、参观、课堂教学等多种方式，帮助每一个读者群体提高使用图书馆及其资源的技能，提高图书馆资源的利用率。培训读者主要从两个方面入手：一是培养读者的情报意识，激发他们利用图书馆的欲望，使他们自觉地认识到图书馆是自己的良师益友，是终身学习的场所；二是提高读者利用图书馆和检索情报的技能，帮助他们学会如何利用图书馆及其资源，充分发挥图书馆的教育职能和情报职能，吸引更多的读者利用图书馆资源。

### （五）服务管理

服务管理是指对图书馆读者工作部门的业务活动进行科学的组织管理，包括读者服务对象管理、读者服务人员管理、读者服务设施管理三个方面。它具体包括制定读者发展的政策和计划、服务机构设置、岗位设置、人员配置、明确岗位责任、建立健全各种规章制度、人员分工与业务流程设计优化、合理组织藏书、改进服务手段、采用先进的设备与技术手段、完善服务体制等工作。服务管理为读者创造良好的环境和条件，方便读者有效利用图书馆资源，保证图书馆服务工作健康地向前发展。

这五个方面的内容相互制约、相互作用，缺一不可。其中，组织与研究读者是开展一切读者服务工作的前提条件和基础；科学组织各项服务工作，构建层次分明、体系完整、灵活多样、富有生机的读者服务工作体系，是实现读者服务工作目标，体现图书馆社会价值的根本保障；组织各项宣传辅导活动，开展卓有成效的读者教育提高读者素质、增强信息能力，提高读者服务工作成效，充分发挥图书馆效能的有效途径；加强图书馆服务管理，是顺利开展读者服务工作，有效实现上述任务的制度和组织保障。

# 第三节　图书馆服务的原则

图书馆服务有着特定的原则及内涵，它最大限度地满足读者的信息需求是图书馆一切工作的出发点和归宿，始终把"读者第一、服务至上"作为读者服务工作的宗旨，遵循以下原则。

## 一、以人为本的原则

以人为本是图书馆服务的首要原则，也是图书馆精神的精髓，以人为本就是指在图书馆服务中，坚持以满足读者需求为核心，以积极的服务态度和认真的服务精神，通过实行各种措施，调动一切力量，为读者充分获取和利用图书馆各种信息资源提供一切方便。以人为本的原则体现了"一切为了读者"的服务思想和全局性的要求，即图书馆的所有文献、所有人员、所有工作都要把为读者服务当作出发点和归宿，贯穿于一切服务过程之中。以人为本主要体现在下面几个方面：

### （一）从方便读者出发

从本质上说，想方设法减少对读者的限制，是方便读者不可或缺的重要方面。围绕图书馆服务所建立的一系列规章制度和管理办法都是为了维护大多数读者的利益，不应成为读者利用图书馆的障碍。但是，在实际工作过程中，图书馆往往会有意无意地以方便管理为出发点，制定一些限制读者、限制使用、忽视读者方便性的管理措施，这样必然会给读者造成种种不便。图书馆应当根据客观情况的变化及时地调整和完善规章制度，协调好图书馆、工作人员、读者三方面的关系，既要方便读者，又要建立在科学管理的基础上，真正使图书馆的服务与管理体系以保护大多数读者的利益为出发点，保证图书馆的服务健康有序地发展。

### （二）建立科学合理的馆藏组织与揭示体系

经过日积月累，图书馆的馆藏越来越多，内容和形式都较复杂，只有对馆藏进行科学的组织与布局，并通过多功能的目录检索体系指引读者查找到文献，才能够使各种类型的读者方便及时地获得所需文献资源，便于工作人员的管理，提高其服务效率和服务质量。在图书馆的资源组织过程中，一方面要全面收集和充分揭示文献信息资源，另一方面要按照读者需求组织资源。为有利于读者快、精、准地检索和获得所需要的文献，图书馆应按照科学方法将馆藏文献、网络文献以及可以共享的一切文献组织成一个有序化的资源体系，建立合理的布局，通过一站式的统一目录体系并加以全面揭示和引导。

### （三）建立协调统一的服务体系

在现代图书馆，服务与管理都已广泛实现了网络化、自动化，大大缩短了读者查找、获得信息资源的时间，为读者利用图书馆创造了方便。图书馆应充分利用现代管理手段，建立科学合理的服务体系，主动采取多种服务方式为读者服务，体现以人为本的服务原则。

## 二、平等原则

平等原则是图书馆信息服务最基本的原则，是现代图书馆服务的基本方向，它主要体现在两个方面：

### （一）平等享有权利

平等意味着无贵贱之分，无高低（身份）之别，无特权之规定。"图书馆面前人人平等"是图书馆界的"人权宣言"。联合国教科文组织与国际图联 1972 年公布的《公共图书馆宣言》中早就写明："公共图书馆的大门需向社会上所有成员开放"。1994 年国际图联起草的《联合国教科文组织公共图书馆宣言》（修订版）指出："每一个人都有平等享受公共图书馆服务的权利，而不受年龄、种族、性别、宗教信仰、国籍、语言或社会地位的限制，向所有的人提供平等服务"。平等原则强调的是图书馆要尊重、关爱每一个用户，坚决维护用户的合法权利。用户的这些合法权利包括：平等享有取得用户资格的权利；平等享有阅读的权利；平等享有个人人格和隐私不受侵犯的权利；平等享有提出咨询问题的权利；平等享有参与和监督图书馆管理的权利；平等享有遵守图书馆规章制度的权利和义务；平等享有提出合理化建议的权利；平等享有接受安全、卫生等辅助性服务的权利；平等享有对图书馆工作进行评价的权利；平等享有自己的合法权益受到侵害时提出改正、赔礼或诉讼的权利。图书馆是通过文献信息资源的传播来保障公众"认识权利"实现的机构，"读者的权利不可侵犯"成为所有图书馆人铭记的职业信念。

### （二）平等享有机会

平等享有机会也就是说图书馆除了应该保障用户平等利用图书馆的权利外，还应该为所有图书馆用户提供平等利用图书馆的机会，不应有任何用户歧视。1994 年国际图联起草的《联合国教科文组织公共图书馆宣言》（修订版）也强调："必须向由于种种原因不能利用其正常服务和资料的人，如语言上处于少数的人、残疾人或住院病人及在押犯人等提供特殊的服务和资料"。它清楚地表明，图书馆服务的平等不仅要求形式上的平等，更要求实质上的平等，要为弱势群体，如阅读能力较低的人、残疾人、犯人或不会利用现代化信息技术获取信息的用户，给予特别关注和提供特殊服务，弥补用户自身能力的客观差异，维护和保障社会弱势群体利用图书馆和享用信息资源的权利。

可以说，没有平等就没有人文关怀可言。贯彻平等的原则就要做到使信息资源尽量接近用户，方便用户使用；为用户提供相对宽松和自由的利用环境，消除用户利用图书馆的各种问题，做到信息资源占有和利用的平等；尊重用户自主查询和利用各种信息资源的权利，坚持守密原则，不架空思想，不窥探用户的个人隐私，尽量为他们个性化的信息需求提供帮助。

## 三、开放原则

开放原则是图书馆服务的基本原则。开放是服务的前提，没有开放便没有服务。

开放服务是图书馆适应时代发展的必然趋势，是现代图书馆服务的重要特征。它包括资源开放、时间开放、人员开放和管理开放，是一种全方位的开放。首先，要将图书馆的所有馆藏资源、设施资源和人力资源向用户开放。通过实施开架借阅、加强图书宣传、健全检索体系等手段来全面揭示馆藏部分，使所有馆藏全部向读者开放并充分获得利用。要争取馆与馆之间相互开放资源，实现资源共享。其次，要最大限度延长读者利用图书馆的时间，尽量做到节假日不闭馆，保证开馆时间的完整性和连续性。而对于虚拟图书馆，则要求提供 7×24 小时的服务。再次，图书馆要向所有人开放，无论其国籍、种族、年龄、地位等。图书馆不仅是社会文化教育中心，同时也是一个人们相互交流、休闲、娱乐的场所，是具有综合功能的社会文化中心，每个人都应享受利用图书馆的权利。最后，图书馆应建立用户参与管理、参与决策的机制，如设立"用户监督委员会"之类的非常设机构，公布"馆长信箱"、设立"读者意见箱"等，认真听取用户对图书馆服务的意见、建议，接受他们对图书馆服务工作的监督，并在可能的情况下让读者直接参与决策过程，将反馈结果向全部用户开放。图书馆要重视用户的评价，查找差距，改进工作，促进图书馆服务工作开展。

## 四、方便原则

为服务对象提供方便，是任何一种服务都要追求的目标，图书馆也是通过服务来发挥其功能的。方便原则体现的是现代图书馆服务的内在品质，是图书馆业务的目标和工作努力的方向。实践表明，用户在决定是否选择和利用信息时，可获得性和易用性往往会超过信息本身的价值。因此，图书馆在开展信息服务时，应为用户的信息获取和信息使用提供最大的便利，创造文献与人的和谐关系。如实行开架借阅，最大限度地拉近读者与资源之间的距离；文献标引准确、规范、排架合理，为读者方便且快捷地接近、利用实体馆藏创造条件；资源检索一站式，力争一索即得；建筑格局采用大开间、灵活隔断的开放式模式；导引标识简明易认，一目了然；人机交互界面友好，操作"傻瓜"化；尽量减少读者寻找书刊、排队等候、往返楼层等无效劳动，提高效率；信息检索与参考咨询网络化；服务设施无障碍、人性化；服务方式灵活多样；简化办证手续、扩大读者范围；保证开馆时间；开展自助借还、送书上门服务等。要千方百计从细微处做到方便用户，一切以方便用户为目的来开展图书馆的各项工作，让用户感到方便无处不在。

## 五、满意服务原则

满意服务原则是图书馆服务诸多原则中的核心原则。用户是否满意及其程度如何，是衡量图书馆服务质量的最终标准。用户对图书馆服务是否满意，实际上就是用户对图书馆的文献资源、工作人员、服务方式和环境设施等要素的预先期望与其实际感受的对比。如果按照现代企业管理的 CS（Customer Satisfaction）理论，图书馆服务的满意原则将包括服务理念的满意，服务行为的满意和服务视觉的满意三个方面。服务理念的满意，是图书馆的办馆宗旨、管理策略等带给用户的心理满足感。服务行为的满意，是图书馆的行为状况带给用户的心理满足状态，如图书馆的各项业务建设、制度规章、服务项目、服务态度、服务能力、服务效果等，是图书馆理念满意思想的外部表现形式。服务视觉的满意，是图书馆所具有的各种可视性的显在形象带给用户的心理满意状态，是图书馆理念的视觉化形式。它不仅包涵对图书馆的环境、氛围、设施设备的性能的满意，也包括对图书馆及其相关工作人员职业与业务形象的满意。坚持满意服务原则，除了要坚持"一切为了读者"的理念，积极采取多种措施、开辟多种渠道，多层次、多形式满足用户需求外，还要建立不同层次的评价指标，从不同的角度进行评价以准确反映用户的满意程度，不断改进图书馆的服务工作。

## 六、特色服务原则

图书馆由于工作性质、任务、服务对象和地域的不同，在信息资源的搜集与建设、服务的方式、管理等方面，呈现出各自独特的内容或风格，显示出不同的特色。特色服务主要以特色信息资源为基础，是专业性、专题性或专指性的服务，是有针对性地满足特定用户的特殊需要的重要手段或方式。在网络信息资源极大丰富的今天，用户的信息需求更加趋向微观化和个性化，他们需要的是个性化的、特色化的、专业化的文献信息。因此，信息服务就要有针对性和特色性，多层次、多角度地满足用户的需求。没有特色，图书馆就难以在林立的信息机构中生存和发展。图书馆只有独树一帜，树立品牌特色服务，才能吸引更多的用户，从而得到更好的发展。

## 七、创新服务原则

阮冈纳赞的《图书馆学五定律》的第五定律提出"图书馆是一个生长着的有机体"。这就意味着图书馆所收藏的文献信息、用户的信息需求、服务技术以及馆员的业务能力和业务水平都是在不断增长、不断变化着的，而图书馆正是在这种不断变化与创新中发展起来的。要创新，首先要树立创新意识，确立主动化、优质化、品牌化、专业化的服务理念。具体体现在：服务中要主动想方设法贴近用户，处处为用户着想，为他们提供尽可能的方便；讲究"精、快、广、准"的服务质量，满足用户求新、求快、求便捷的心理；通过特色馆藏、特色服务、特色活动、特色环境等突出本馆服务特色，建立图书馆特有的品牌服务；建立一系列严格的业务规范与规则，凸显图书馆服务的专业化。其次，要创新服务内容。如在信息服务方面，要努力从文献提供服务向知识提供服务转变；加大参考咨询特别是网上虚拟参考服务的力度；增加网上信息导航；开展个性化信息服务；充分利用各种资源，开展形式多样的读者活动等。再次，要创新服务方法。如改变以往单一的馆藏文献借阅服务模式，利用现代网络平台，提供多类，数据库服务、知识库服务以及各种在线或离线信息服务和主动推送服务、虚拟参考咨询服务、网络呼叫、智能代理服务等。

## 八、资源共享原则

随着社会的进步和科学技术的飞速发展，文献出版数量也在剧增，各种信息大量涌现。任何图书馆没有必要，也没有经费去全面搜集、存储各种信息资源。但面对用户日益增长和不断扩大的信息需求，图书馆只有树立资源共享的观念，走资源共享的道路，变"一馆之藏"为"多馆之藏"，才能减轻单个图书馆的部分负担，既能最大限度地满足用户对知识、信息的需求，又能充分发挥馆藏文献信息资源的作用。资源共享将有力地促进人类知识的继承和发扬，实现人类的共同进步和发展。为此，不同系统、不同级次的图书馆要加强图书馆之间的联合和合作，加强信息资源的共知、共建、共享，从而极大地提高图书馆事业在社会中的地位和发挥其知识宝库的重要作用。

# 第四节　图书馆服务的发展趋势

## 一、图书馆服务的发展

图书馆服务是读者工作或读者服务的发展，是超越传统的读者工作或用户服务范畴的一个概念。图书馆服务是为满足读者和社会需求，利用图书馆的文献信息及其他各种资源，实现图书馆使用价值的全部活动。这一概念包括了三个要素，首先是对象，即读者与社会；其次是内容，即利用图书馆资源；再次是目标，即实现图书馆的使用价值。图书馆服务的外延是基于内涵形成的，是不断发展变化的，可以从多个角度来分析。

从服务对象看，图书馆服务有读者服务、用户服务和社会服务。

读者服务确立的读者概念与阅读行为有关，读者服务离不开文献、阅读设备和阅读空间等要素。用户服务突破了图书馆以借阅证判别读者的限制。特别是网络环境下的图书馆服务，点击图书馆网站，利用图书馆网上资源，对用户具有现实的意义。社会服务就是拓展图书馆的社会教育功能，提高公民素质，以满足社会的需求。

从服务资源的层次看，图书馆服务有文献服务、信息服务和知识服务。

文献服务利用图书馆的基本资源开展多种服务，如期刊服务、专利服务、学位论文服务等。信息服务比文献服务上了一个层次，主要体现在运用信息技术和信息资源，如 OPAC、数据库检索、信息咨询等。知识服务是更高水平的服务，是运用知识和智慧开展的服务，如学科馆员服务、查新服务等。

从服务手段看，图书馆服务有手工服务、计算机辅助服务、数字图书馆服务等。

随着"My Library"个人图书馆服务的产生，自助服务和自我服务成为一种趋势。技术的发展推动服务形式和功能的拓展，新的服务不断出现，紧跟时代的发展步伐。

从服务历史看，图书馆服务有传统图书馆服务和现代图书馆服务。

传统图书馆服务是以馆藏文献为依托，以借阅活动为核心，面向有限的读者的服务。现代图书馆服务则是以图书馆资源为依托，以文献信息服务为核心，面向所有用户的服务。如果说，传统图书馆服务主要是以图书馆建筑为坐标的有形化服务，现代图书馆服务则是以知识资源为坐标的图书馆物理空间和虚拟空间的复合型服务。

## 二、图书馆服务的发展规律

依据图书馆服务的构成要素和图书馆的历史演变来看，图书馆服务具有以下发展规律：

### （一）服务对象扩展

图书馆的服务对象经历了一个从严禁到限制到部分开放，再到全面开放的过程。在我国，中华人民共和国成立前因为能够对外开放的图书馆数量和藏书极其有限，加上广大工农群众中文盲占大多数，图书馆实际上只能为少数达官贵人和有文化者服务，是完完全全的"精英服务"。中华人民共和国成立后一直到 20 世纪 80 年代后期，虽然通过开展扫盲运动，普及教育，使广大人民群众的科学文化水平逐步提高，图书馆服务对象扩展到了全民族各个阶层，但服务对象还是会受地域、身份等方面限制，读者必须持有关证件进馆，办理借书证须单位证明本地户口。到了 20 世纪 90 年代，由于人们文献信息需求的增加，图书馆事业的发展，特别是公共图书馆事业的发展，公共图书馆已面向全社会开放，社会成员可以不受地域、身份等方面的限制，可以就近享受图书馆服务。目前许多图书馆都免费向所有居民开放，任何人都可以免证件进馆阅览书刊，无论是本地居民还是外来劳务工，只要持本人身份证就可以办理借书证，免费借阅图书馆的书刊资料。

### （二）服务内容增加

由于人类信息需求的扩大，图书馆的服务内容也在相应增加。古代图书馆只是为皇朝政事提供参考、为公私著述提供资料，近代图书馆主要是阅览服务。现代图书馆除了为用户提供借阅服务、参考咨询、文献情报检索等服务外，同时为他们提供网络服务，包括全文检索、多媒体检索服务、网络检索服务、网络咨询服务，以及查询咨询服务、休闲娱乐服务等；不仅提供传统印刷型文献资料，还同时提供数字化的文献信息。服务功能的多样化已使图书馆不再是单纯的文献收藏中心，而且同时是社会教育的基地、信息传播中心和民众休闲娱乐的重要场所。

### （三）服务手段提高

20 世纪 60 年代以前，图书馆各项工作都处于手工操作阶段，图书馆服务效率低下。20 世纪 70 年代以来，随着计算机技术在图书馆的应用，图书馆内部管理逐渐实现了自动化，图书馆服务效率有了显著提高，机读目录的出现为用户提供了更多的检索途径，流通自动化简化了用户的借还手续。20 世纪 90 年代以后，随着互联网技术的发展，图书馆服务实现了网络化。通过互联网，用户可以坐家里轻松享受图书馆服务，阅读图书馆数字化的文献资料，并下载自己所需要的信息。图书馆则可以利用互联网建立虚拟馆藏，共享他馆及其他信息机构的信息资源，为用户提供信息服务。

### （四）服务方式进化

随着社会的进步和发展，人类的信息需求日趋增加，图书馆的服务方式也有了巨大变化。古代图书馆，由于馆藏信息资源数量、管理手段及信息需求等方面的限制，一般仅提供室内阅览服务。到近代，图书馆馆藏文献数量有了显著增长，人类文献需求趋于大众化，图书馆除了提供馆内阅览服务外，亦向读者提供文献闭架式外借服务。到了现代，随着科学技术的飞速发展，文献信息资源急剧增长，人类的信息需求日趋多样化，封闭式服务已不能满足人们的需要，图书馆已逐步实现了开放式服务，实现了借、藏、阅一体化，极大地方便了用户利用文献信息资源，也提高了文献信息资源的利用率，最大限度地发挥了资源的效用。随着互联网的发展，图书馆服务已不再只是局限于图书馆内服务。通过互联网，图书馆可以提供网上阅读全文信息传输等多种服务，及时快捷地满足社会大众的文献信息需求。同时，图书馆服务已不再只是局限于提供纯文献信息，而是还提供着多种功能、多种形式的社会化服务。

# 第二章 图书馆服务体系

图书馆服务体系由诸多服务体系构成的多功能、多层次的有机整体体系。这个体系中包括文献外借服务、馆内阅览服务、馆外借阅服务、参考咨询服务、用户教育服务等，各种服务都有其相对独立的功能、效果和适用范围。而作为整个服务方法体系的组成部分，各种服务之间是相互联系、相互补充、相互渗透、紧密结合的关系。

## 第一节 图书馆的信息资源体系

### 一、信息资源体系

#### （一）信息资源体系概述

信息资源体系是指信息资源各要素之间相互联系、相互作用而形成的具有特定功能的有机系统。它是指一定范围内，经过布局、搜集、整理、保存并提供利用的所有信息资源的集合。面向用户的资源与服务整合是根据一定的需要，对各个相对独立的信息资源系统中的数据对象、功能结构进行融合、类聚和重组，重新结合为一个新的有机整体，形成一个效能更好、效率更高的信息资源体系，保证信息资源更好地被利用。这包含三方面内容：一是将内部信息资源和外部信息资源进行有机融合，二是构成一个高效合理的信息资源体系，三是实现信息资源的整体利用价值。加强信息资源体系建设应主要从两方面入手：一是应当保证各图书馆每年都能入藏一定数量的各具特色的信息资源。二是通过信息资源整体建设，建立起能在一定范围内有效地保障社会信息需求的信息资源系统，称为信息资源保障体系。

#### （二）信息资源体系规划

信息资源体系规划就是根据信息资源体系的功能要求，来设计这个体系的微观结构和宏观结构。在微观层次上，就是每一个具体的图书馆根据本馆的性质、任务和读者对象的需求，确定信息资源建设原则、资源收集的范围、重点和采集标准，提出本馆信息资源构成的基本模式。在此基础上，制定信息资源建设计划，安排各类型信息资源的数量、比例、层次级别，形成有内在联系和特定功能的信息资源结构，建立有重点、有特色的专门化的信息资源体系。微观规划在时间上表现为短期规划，包括年度计划、季度计划等，是信息资源建设的具体实施计划。

宏观层次上的信息资源体系规划就是从一个系统、一个地区乃至全国的整体出发，对信息资源建设进行统筹规划、合理布局，制定各种类型的图书馆及各类型信息机构之间在信息资源的收集、组织、储存、书目报道、传递利用等方面的协调与合作规划，形成相互依存、相互联系的整体化、综合化的信息资源体系。它通常会受到各种内外环境影响：如政治、经济、文化以及各馆已经形成的馆藏体系、服务对象等诸多因素。宏观规划又分为总体规划和长期规划。总体规划指一个图书馆对本馆信息资源建设的总方向、指导思想、最终目标等所做的构想与规定，解决信息资源建设中带根本性、全局性和长远性的大问题。长期规划，通常有三年规划、五年规划等，主要用于确定规划期内信息资源建设的发展目标、任务及实现的途径和结果。

## 二、信息资源建设

### （一）信息资源建设的定义

目前，学术界对信息资源建设概念的理解还不完全一致，主要有以下两种理解：

1. 情报学界对信息资源建设概念的理解

情报学界在图书馆界提出文献资源和文献资源建设概念之前，就已经对有关信息资源、信息资源建设的一些问题展开了讨论。随着 20 世纪 80 年代中期国外信息资源管理理论进入国内及我国正式与国际互联网接轨，信息资源建设就成了情报学理论界的研究内容及信息机构的工作内容。

1995 年 3 月 21 日，国家计委、原国家科委与国家信息中心联合下发了《关于开展全国信息资源调查的通知》，对全国数据库和电子信息网络资源进行调查。1997 年 1 月 28 日，原国家科委又下发了《国家科委关于加强信息资源建设的若干意见》，该文件将数据库建设确定为信息资源建设的重点。从上述这些文件中可以看出，情报学界所说的信息资源建设主要是指的是网络信息资源建设，即数据库的建设。

2. 图书馆界对信息资源建设概念的理解

图书馆界认为，信息资源是经过人类采集、开发并组织的各种媒介信息的有机集合。也就是说信息资源既包括纸品型的文献信息资源，又包括非纸品的数字信息资源。所谓信息资源建设是指图书馆根据其性质、任务和用户要求，有计划地系统规划、选择、收集、组织各种信息资源，建设具有特定功能的信息资源体系的整个过程和全部活动。

目前，信息资源建设已经成为图书馆界、情报界和其他信息工作领域普遍接受并广泛使用的概念。它与文献资源建设相比较，其内涵与外延更为广泛。因此，应将情报学界与图书馆界关于信息资源的不同理解加以整合，信息资源建设应该包括（传统型）文献信息资源建设和数字信息资源建设这两部分。因为只有将（传统型）文献信息资源建设和数字信息资源建设都包含进去，才能形成一个完整的信息资源建设概念，才是对信息资源建设含义的完整准确的理解。

### （二）信息资源建设的主要内容

信息资源建设是人们对处于无序状态的各种类型的信息进行搜集、选择、加工、组织和开发利用等活动，使各种信息资源形成可利用的资源体系的全过程。其主要研究内容包括以下几个方面：

#### 1. 信息资源的体系规划

信息资源体系是指信息资源各要素之间相互联系、相互作用而形成的具有特定功能的有机系统。信息资源体系规划就是根据信息资源体系的功能要求，来设计这个体系的微观与宏观结构的规划。

在微观层次上就是每一个具体的图书馆，根据本馆的性质、任务和读者对信息的需要，确定信息资源建设的原则、资源收集的范围、重点和采集标准，提出本馆信息资源构成的基本模式，制定本馆信息资源采集政策，安排各类型信息资源的数量、比例、层次级别。形成有内在联系和特定功能的信息资源体系，使整个文献信息资源形成重点突出、有特色的多元化的信息资源体系。

在宏观层次上，还要与本地区、本系统的文献信息资源建设相适应，与本地区、本系统的图书情报服务机构协作、协调，统筹规划本地区、本系统文献信息资源的收集、组织、贮存、书目报道、传递利用，从而形成相互依存、相互联系的整体化、综合化的信息资源体系。

#### 2. 信息资源的选择与采集

根据已经确定的信息资源体系的基本模式，通过各种途径，选择与采集信息资源，建立并充实馆藏，信息资源的选择与采集是信息资源建设的基础工作。信息资源的选择与采集工作包括以下几个方面：

（1）印刷型文献的选择与采集

根据既定的信息资源选择与采集的原则、范围、重点、复本标准、书刊比例等，通过各种渠道和各种方式，采集所需要的文献，建立并不断丰富实体馆藏资源。

（2）电子出版物的选择与采集

这里所说的电子出版物是指以实体形式存在的、单机或在局域网络中镜像存储使用而非网络传递的电子信息资源。图书馆要根据读者需求、电子出版物本身的质量、电子出版物与本馆其他类型出版物的协调互补、电子出版物的成本效益等原则进行选择和采集。

（3）网络信息资源的选择与采集

网络信息资源包括付费订购使用的数据库、免费使用的网页信息资源等，网络数据库是图书馆通过签约付费，可远程登录、在线利用的电子信息资源。国内外许多数据库生产商或数据库服务集成提供商已开发出各种文献数据库，直接购买这些产品或服务，也是信息资源选择与采集的重要内容。

### 3. 馆藏资源数字化与数据库建设

馆藏资源数字化是网络环境下信息资源建设的重要内容之一。因为只有经过数字化处理的文献才能通过网络为人们所共享。图书馆应通过计算机和大容量的存储技术、全文扫描技术、多媒体技术，将馆藏中有独特价值的印刷型文献转化为扫描版全文电子文献，制成光盘或网上传播。

数据库建设是数字信息资源建设的核心内容。对图书馆来说，数据库建设主要有书目数据库和特色数据库建设。书目数据库是开发图书馆信息资源的基础数据库。也是图书馆实现网络化、自动化的基础；特色数据库是图书馆特色资源的集中反映，是图书馆充分展示其个性，提高其社会影响力和信息服务竞争力的核心资源。图书馆要根据本系统、本地区的社会需求和本馆的技术力量、经费等条件，选择适合的主题，系统地将馆藏资源中的特色文献制作成独具特色的文献数据库或专题数据库，提供上网利用。

### 4. 网络信息资源的开发利用

因特网信息资源极为丰富，图书馆对它进行开发组织，就可以使这些分布在全球的网络信息资源成为自己的虚拟馆藏。这种开发和组织就是根据用户的需求与资源建设的需要，搜索、选择、挖掘因特网中的信息资源，下载到本馆或本地网络之中。通过分类、标引、组织、通过网络或其他方式提供给用户使用，或者链接到图书馆的网页上，如建立因特网信息资源导航库，方便读者迅速检索到自己感兴趣的有价值的网络信息资源。

这种虚拟馆藏，对图书馆及各类型信息机构的信息资源建设和信息服务具有重要意义。

### 5. 信息资源的组织管理

图书馆对本馆已入藏的实体信息资源进行的组织与管理。包括：对入藏的文献信息资源进行加工、整序、布局、排列、清点和保护，使信息得到有效利用；对数字化信息资源进行整合，将购买的数据库与自建的数据库有机地集成在一起，对其内容进行充分的揭示，实现跨库检索，提供"一站式"服务，使用户能够像利用传统文献一样熟悉和利用数字信息资源。

### 6.信息资源共建与共享

信息资源共享是人类社会的崇高理想，是图书馆为之奋斗的最高目标。信息资源共享的前提是信息资源共建，在新的信息环境中，文献信息数量激增与图书馆有限收藏能力的矛盾加剧，信息需求的广泛性和复杂性与图书馆满足需求的能力形成强烈的反差。

网络环境使信息资源共建共享变得更为必要和迫切，也为信息资源共建共享提供了重要的技术支持。

在新的信息环境中，信息资源共建共享的主要内容包括：根据图书馆类型、性质和任务以及本地区文献信息资源现状，通过整体规划明确图书馆之间文献信息资源采集的分工协作，建设相对完备的文献信息资源保障体系；建设完备、方便快捷的书目查询信息网络，实现网络公共查询、联机合作编目、馆际互借、协调采购等功能，建立迅速高效的馆际文献传递系统，达到文献信息资源的共建共享。

### 7.信息资源建设的基本理论与方法的研究

信息资源建设是一项复杂的系统工程，它离不开理论的指导。因此，对信息资源建设基本理论和基本方法的研究，是信息资源建设的重要内容之一。研究的主要内容包括：信息与信息资源以及各种类型信息资源的形成、特点和发展规律；信息资源建设的原则、政策、方法及其实施；信息资源的采集、加工整理、组织管理的技术手段和业务流程；信息资源的选择与评价理论；数字信息资源建设的技术与方式方法；网络信息资源内容开发与数据库建设；信息资源共建共享的理论基础、结构模式、运行机制、保障条件；信息技术在信息资源建设中应用等有关新观点、新技术、新方法的研究等。

# 第二节　图书馆的信息服务体系

图书馆信息服务是指在网络环境下图书馆利用计算机、通信和网络等现代技术从事信息采集、处理、存贮、传递和提供利用等的一系列活动，目的是给用户提供所需的分布式异构化数字信息产品和服务，满足信息用户解决现实问题的信息需求。更确切地说，现代图书馆信息服务是对有高度价值的图像、文本、语音、音响、影像、影视、软件和科学数据等数字化多媒体信息进行收集，进行规范性地加工，进行高质量保存和管理，实施知识增值，并提供在广域网上跨库链接的数字信息存取服务。同时，它还包括知识产权存取权限、数据安全管理等。而"体系"一词在辞海中的含义是"若干有关事物相互联系、相互制约而构成的一个整体"。由此可见，图书馆信息服务体系是指有关利用图书馆信息资源为用户提供信息线索、信息内容、信息服务的组织、制度、方法之整体。

# 一、图书馆信息服务

## （一）图书馆信息服务的特点

图书馆信息服务是一种高效的网络化、数字化信息服务，是现代信息服务的高级形式。它从服务内容、载体形式、服务模式、服务策略与方式等诸多方面都具有区别于传统信息服务的特点。具体表现如下：

### 1.服务资源的数字化、虚拟化

信息服务资源数字化，即指信息以计算机可读形式存贮；信息服务资源虚拟化，是指信息资源表现出来的只有使用权而无所有权的非占有性。现代图书馆的馆藏不仅包括载体形式多样的本地实体数字信息资源，而且包括大量网上的分布式的虚拟数字信息资源，其特点是收藏数字化、存储虚拟化。

### 2.服务内容的知识性、精品化、多样化

现代图书馆信息服务强调信息资源的开发与利用，为信息用户提供的不仅仅是信息线索及相关文献，更主要的是直接提供所需解决现实问题的知识。信息的精品化源于电子信息量的急剧增长，促使用户利用信息越来越重视信息的质量和浓度，而不是资料的数量，精品化的信息服务以信息的内在质量为保证，应具有"广、快、精、准、新"等特点，要以高品质的服务满足社会用户需求。信息服务的内容是多方面的，几乎包括所有信息资源类型，信息资源的选择呈现出复杂性和多样性。

### 3.服务方式多元化、多层次化

现代图书馆是一个开放式资源体系，用户可以在任何一个地方通过终端以联网的方式查找所需信息。同时图书馆进一步扩大了自身对文献信息的收集存储和开发功能，可以随时在网上发布各种文献资源的消息，不断地向用户提供所需的信息和知识，对读者进行"引导"或"导航"。根据用户的不同需求，增设服务项目，推出新的服务产品，可见其服务方式是主动的、多元的、多层次的。

### 4.信息存取网络化、自由化

互联网的真正价值就在于可以通过网络来快速传递信息资源，这就是信息存取的网络化。网络化传播文献信息将成为现代图书馆信息传播的主要手段。它彻底改变了传统的信息提供和获取方式，将分散于不同载体、不同地理位置的信息资源以数字方式存贮，通过网络连接，提供即时利用，实现了真正的信息资源共享。现代图书馆信息服务系统中，大量经过整合的数字化信息资源可以不受时间和空间的限制，在开放

的空间里顺畅、自由地传递。用户可以根据自己的特定需要自由访问那些适合自己的图书馆信息资源。

### 5. 服务手段网络化

现代图书馆的信息服务与传统的信息服务不同，首先是信息机构网络化，变单体为组合，多种多样的信息服务机构构成四通八达的信息服务网络；其次是信息资源网络化，变独享为共享，各信息服务机构致力于开发各种各样的专业数据库并将它们提供上网，汇成信息十分丰富的网络信息资源；其三是信息服务网络化，变手工服务为网络服务，信息服务人员利用网络信息资源来满足用户资源需求，让用户参与信息的收集与研究。

### 6. 资源利用共享化

以数字化资源为基础，以网络技术为手段，实现跨越时空的资源共知共建共享，是人类实现共知共享全球信息的崇高理想。现代图书馆的资源共享使众多的图书馆能够借助网络获取自身无法具备的数字信息，也能够将自身拥有的数据信息提供给网络用户共享，尽可能地避免资源重复建设，极大地拓展信息资源的拥有量，最终使整个社会的信息获知能力得以提高。

### 7. 服务环境开放化

在网络出现以前，图书馆建筑实体的围墙实际上界定了图书馆信息服务工作的范围。现代图书馆信息服务环境从封闭式实体馆舍转变到开放式数字空间，计算机网络将现代图书馆置身于广阔的信息空间里，最大限度地拓展了图书馆信息交流与服务的空间，图书馆真正进入一个共建共享、共同发展的新阶段。

### 8. 服务范围市场化、社会化

现代图书馆信息服务的服务范围与用户越来越市场化和社会化。面对市场经济和网络化社会，读者利用图书馆，不再限于单纯利用书目信息服务，获取所需文献的线索或从图书馆获取原文，使能得到全程性、全方位的知识信息。网络技术的发展为读者提供了开放化信息需求的客观环境，加速了读者信息需求社会化的进程，信息产品已成为图书馆自立于信息社会和市场的一个标志。图书馆为了生存和发展，必须走信息服务社会化之路，为广大的信息用户服务。

### 9. 信息检索智能化

现代图书馆的检索技术不是采用传统图书馆中惯用的关键词及其逻辑组合的方法，而是通过智能式人机交互方式来检索信息。以知识为基础的智能检索方法，是数字图书馆在信息检索方法上的重大变革。读者可以通过自己的"自然语言"，不断地与系统进行交互，逐步缩小搜索目标，以获取自己所需的文献资料。

## （二）图书馆信息服务的方式

### 1. 公共目录查询服务

目前大多数图书馆都提供了联机模式或 WEB 模式的公共目录查询服务，供读者通过网络查询本馆的馆藏书目信息以及读者的个人借阅信息。这是图书馆实现服务网络化的标志性、基础性的服务模式，也是应用最为普遍的网络化服务方式。

### 2. 建立图书馆门户或网站

网站作为图书馆提供各类网上信息服务的基础平台或服务窗口，是网络信息技术在图书馆服务领域的重要应用。目前，要想获得某图书馆的各种网上信息服务，通常是从登录该馆网站开始的。

### 3. 一般性读者服务

一般性读者服务主要是通过网站提供以下服务内容：①图书馆要闻。将图书馆的最新消息，如新引进的数据库、新提供的服务等信息发布在网页的醒目位置，帮助读者跟踪最新的服务动态。②图书馆概况。一般包括图书馆简介、馆藏状况、机构设置等内容。③读者指南。主要是在网站主页上放置读者帮助信息，包括开馆时间、馆藏布局、服务项目介绍以及常用软件工具下载、检索指南等辅助性内容。④读者意见及反馈。主要通过电子邮件、留言簿、电子公告板（BBS）等方式实现。

### 4. 数字文献检索服务

此项服务是现代图书馆信息服务的核心内容和基础性服务模式，主要可通过供网上查询的各类数据库来实现。根据数据库的文献信息类型、载体形式、使用方式，可概括为以下几种主要服务方式。①光盘数据库网上检索服务。主要通过光盘镜像发布软件、WEB 检索接口软件等，实现光盘数据库资源的网上检索利用。②网络数据库镜像服务。通过建立网络数据库本地镜像的方式，能提高图书馆数字文献的网络检索服务质量。③在线数据库授权检索服务。通过购买数据库网络使用权，开展网络虚拟资源检索服务，已成为网络环境下文献信息服务的重要组成部分。④自建特色数据库服务。近年来，许多大中型图书馆都建立了特色文献数据库，提供网上查询服务。

### 5. 数字化参考咨询服务

随着信息技术的迅猛发展，图书馆正在兴起一种新型的信息咨询服务模式—数字化参考咨询（Digital Reference Service），也称为虚拟参考咨询服务（Virtual Reference Service）、网络参考咨询（Networked Reference Service）或在线参考咨询（Online Reference Service）。数字化参考咨询使得咨询工作不再受时间和空间的限制，它主要通过以下几种常见的服务模式向远程用户提供同步咨询、异步咨询和合作式咨询服务，随时解答用户的问题。数字化参考咨询服务包括：自助式咨询模式、电子邮件（E-mail）

咨询模式、Homepage（信息咨询网页）模式、实时咨询模式、网络信息专家咨询系统模式、网络合作咨询模式等。

### 6. 资源导航服务

根据用户需要，图书馆利用导航技术，帮助用户查找、鉴别和选用信息资源。如资源分类浏览服务、新书导读、学科指南、数据库指南等。把常用的、重要的数据库地址或相关的信息资源预先汇集起来，或建立专业导航库，帮助用户从网上查找信息；同时，可以通过搜索引擎等各种检索工具，搜集、加工和整理网上各种有用信息资源，转化为用户所需要的特定信息，然后提供给用户。

### 7. 特色化服务

特色化服务主要包括：①电子文献传递、馆际互借服务。利用文献传递系统，与国内外的同行和有关部门建立同盟，达成文献传递的协作关系，向各自的服务对象提供电子文献传递服务；并通过电子邮件、传真、复印等方式传递给用户。②中间代理服务。如为用户提供科技查新、代查代检等服务。③学科导航。④新书评介、导读服务。⑤期刊目次通告服务。⑥多媒体信息服务。⑦个性化服务。利用信息过滤、信息报送和数据挖掘等智能技术，针对不同用户采取不同的服务策略，提供主动服务，使用户通过尽可能小的努力获得尽可能好的服务。⑧多媒体信息点播。⑨基于学科馆员的知识服务。

### 8. 网络教育

网络教育是一种全新的教育方式，采用远程教学，利用多媒体技术，将课程教育、专题教育、普及教育等方式结合，以此来满足用户的需求。

## （三）图书馆信息服务模式

随着现代图书馆逐步发展和成熟，数字信息资源、信息服务系统和用户信息环境的发展与变化，其信息服务模式经历了一个由"馆员中心""资源产品中心"到"用户中心"的发展变化过程。

### 1. 馆员中心服务模式

馆员中心服务模式是一种从信息服务人员出发，并以信息服务人员为中心的服务模式。信息服务人员在这一模式中处于主动、主要和中心的地位，是信息服务工作的中心，一切工作以是否有利于服务人员开展服务工作为目的，而过少考虑信息用户的主动参与。其导致用户自始至终处于被动接受的地位，不能主动地选择和参与信息服务产品的生产，只能坐等服务人员给他们提供产品，他们的需求在服务人员的信息服务工作中得不到充分的反映，因而也就得不到充分有效的满足。这种被动坐等的信息服务模式很难适应现代图书馆信息用户的需求。

## 2. 资源产品中心服务模式

资源产品中心服务模式，是一种面向信息资源的，并以信息服务产品为中心的信息服务工作模式。信息服务人员通过对信息资源加工增值形成信息服务产品，并以某种策略与方式提供给信息用户使用。在这种服务模式中，服务活动的中心是信息资源与产品，关注的是信息资源的加工和服务产品的生产，故而服务人员较少去考虑信息用户的需要。此服务模式各要素中突出服务资源、产品的地位，用户是客体，始终有求于图书馆，居于从属地位，信息服务人员的特定服务和信息用户的能动性容易受到忽视。这是一种传统型的信息服务模式，在现代图书馆发展的初期阶段发挥了重要作用，但随着现代图书馆信息环境的变化与发展，此模式在数字图书馆信息服务中已经缺乏生机与活力。

## 3. 用户中心服务模式

用户中心服务模式，就是信息服务工作一切从用户信息活动出发，基于信息用户的信息需求并以用户信息需求的满足与问题解决为目标的信息服务工作模式。信息服务工作从信息用户出发，根据信息用户的信息需求与解决问题的信息活动的需要，以某种策略与方式生产用户需要的信息产品提供给信息用户，用户需求与问题在这个服务活动中得到彻底解决。用户中心服务模式充分注意到了现代图书馆信息服务活动各要素之间合理结合与服务系统功能放大，特别强调了信息用户在信息服务活动中主观能动与参与作用，用户是这一服务模式中的主体。用户中心服务模式是当今与未来数字图书馆信息服务的主流模式。

### （四）图书馆信息服务原则

信息社会对图书馆信息服务提出了更高的要求，文献的服务方式、服务内容、服务手段、服务范围、服务意识、服务模式等都有较大的调整和转变。我们应该遵循以下文献服务工作的原则。

## 1. 服务方式多样化

进入 21 世纪，现代信息技术发展突飞猛进，传统馆藏内涵的扩充和数字图书馆的出现，对图书馆的传统文献服务工作方式提出了挑战。信息社会是以数据库信息技术为利用对象，以信息技术为手段，以电子文献的形式提供给用户的交互服务。文献信息传递具有多向性的特点，图书馆一对一、人对人的传递方式将一对几、几对人、几对机的情报型传递方式所取代。对一个图书馆的评价已不仅仅局限于馆藏量、座位数等，而应评价图书馆通过多少种方式为读者提供了服务，以及提供各种服务的快捷性、能力和质量等如何。

### 2. 服务内容个性化

在信息社会，图书馆面对的将是建立在广泛基础上的需求日趋多元化，个性化的用户。图书馆要改变以馆藏为中心的传统服务模式。代之以藏用并重甚至以用为主，最终目标是针对每一个人和每一项特定任务，为特定的信息找到特定的用户，使信息发挥最大效用。目前，基于网络环境的个性化信息服务模式已初露端倪，大体有词表导航、推送服务、信息传播服务等中介信息服务。图书馆员要密切关注网络环境下信息服务的发展和变化，及时掌握新技术，才能保证并满足用户个性化价值追求的需要。

### 3. 服务手段网络化

传统的文献服务手段是单一的。读者通过口头咨询或利用各种索引及文摘等检索工具检索到所需图书的有关信息。然后到借阅窗口索取文献，在阅览方面，也是只能提供现有的纸质文献，而且是只能自己去阅读。在其他方面，服务手段也十分缺少。

在信息社会中，图书馆信息服务手段发生了根本性的变革，由传统的文献信息服务转变到网络化信息服务，出现了数据库、电子出版物、电子邮件等形式的多种服务手段。读者的咨询除了面对面、信函、电话等外，还可以利用终端机通过网络进行信息远程查询，在网上进行交互式问答，通过电子函件进行服务，读者的检索可以随时随地在网上进行，查询范围也超越了馆藏的界限，可以利用整个网络世界的信息资源，提供网络查询服务将是图书馆服务的一个主要窗口。

### 4. 服务范围远程化

传统的文献服务工作总是处在一个特定的地域范围内，都有自己的特定服务对象，通常人们会按照"就近原则"选择离自己最近的图书馆。这种传统的服务方式存在两个弊端：一是少数图书馆拥有的信息资源一定有限，二是各图书馆服务读者范围相对固定，不利于信息资源的广泛传播和充分利用。互联网的出现，使单个图书馆成为信息网络上的一个节点，人们可以在网络中使用全地区、全国、全球的信息资源，读者对图书馆存取方式不受时空限制。

### 5. 服务意识超前化

文献服务意识强，图书馆发展就快。文献服务意识的强弱，对图书馆的发展起着不可低估的作用，而且服务与发展相辅相成。传统的文献服务观念落后，只求馆藏数量，不讲馆藏质量；重藏轻用，忽视信息传播。使图书馆服务大多仅仅停留在书籍报刊服务上。经济问题、管理问题及科技实用技术等方面所占比例则较小。总的来说是被动得多，主动服务的少，这些传统观念严重制约着图书馆的健康发展。

在信息社会和知识经济时代，服务意识超前化是图书馆加强文献服务工作首先要解决好的问题。图书馆文献服务人员必须更新观念，彻底改变旧思想，旧观念。一是要树立竞争意识，开拓创新，不被社会淘汰。二是要改变"重藏轻用"的观念，改变旧的一套封闭式的、守株待兔式的服务模式，去适应信息社会图书馆读者服务工作的需要。三是要改变"以我为中心"的思想，任何规章制度的制定、图书的采访、分类编目体系等都应照顾到读者的利益。

### 6. 服务模式集成化

集成服务是信息社会中图书馆提供文献服务的发展模式。所谓集成文献服务是指对于某一特定领域或某一特定用户的文献需求，把文献资源保障体系诸要素（功能要素，信息要素，技术要素等）有机地连接成一个整体，使用户得到面向主题的文献服务。

## 二、图书馆信息服务体系的构成

### （一）信息服务原则

信息服务原则是制定信息服务规则、构造信息服务流程的基本理念，它在整个信息服务体系中起着主导作用。

#### 1. 个性化服务原则

最大限度地满足每个读者的个性化要求，与读者产生互动的个性化主动服务能真正体现以用户为中心，使读者产生归属感和认同感。另外，可以把信息服务对象按不同的标准进行细分，并根据其不同的特点确定最适当的服务方式和内容。例如高校馆可按照读者身份划分为教师、学生、行政人员、外来人员等几大类服务对象，还可进一步按文化层次将学生细分为专科生、本科生、研究生等，然后根据各类读者需求的差异性做出分析，进行针对性服务，在统一的信息服务体系中体现不同的层面。

#### 2. 易用性原则

实践证明，易用与可用是影响用户信息查询行为的两个重要因素。正如 Krug 先生在他畅销世界的 Don't Make Me Think(《别让我思考》)里所说的，留住第一眼用户的法宝首先是"别让我思考！"一个优秀的信息服务体系，在设计业务流程时，应首先从方便用户使用出发，简化流程操作，强化系统功能，提供培训与帮助，消除阻滞因素，从而提高信息产品的利用率。

#### 3. 协作服务原则

积极利用现代信息技术手段开展体系内协作、馆际间协作能整合优势资源，进行大规模、全方位、多层次、高效能的服务。

#### 4. 合法性原则

图书馆开展信息服务应当保障公民自由获取信息的基本权利，同时不可违背相关法律法规，并从可靠性、系统性和完整性方面对信息质量把关，以使信息服务工作产生积极的社会效益。

## （二）信息服务相关制度

### 1. 组织与经费保障制度

图书馆信息服务体系作为一个整体，应有完善的配套制度。人员组织与资源是这个体系的基础，因而在馆际协作服务体系中应当有地区性协作中心制订相关的制度，以形成约束力，以保证体系的正常运转。

### 2. 业务规范

联合协作的前提是遵循共同的规范。包括联合数据规范、通用接口协议、文献传递流程、联合咨询的轮值制度、馆际互借的经费支付办法等等。

## （三）信息服务系统

信息服务系统是图书馆进行信息服务的实体，包含以下几方面的内容：

### 1. 资源

包含信息服务组织结构内一切馆藏文献、数据库、网络虚拟资源的总和。一次文献资源可通过购买、收集（如利用 SPIDER 进行的网络信息挖掘或手工搜索）等手段获取，通过地区性协作组织进行联合采购是充分利用有限经费的有效方法之一。同时还要注意二次文献资源的建设，如编制专题文摘、索引等。

### 2. 组织结构

图书馆传统信息参考组织结构采用的基本是馆长—部主任—信息服务人员模式的直线制结构，工作人员以参考咨询部门为主体，机构较为简单，难以适应多样化的信息需求。以馆际互借服务为例，一个基本的业务流程，就涉及双方馆的信息咨询部（接收并处理互借请求）、技术部（开发维护馆际互借平台）、读者服务部（提供所需文献）、文献资源建设部（编制维护联合目录）等多个部门，任何一个环节出现问题，都会导致整个服务流程的阻滞。这就要求现代图书馆信息服务系统，应当采取能纵横协调的多维多层的组织结构，使多项专门任务能在一个组织之内平衡协调地完成。

### 3. 信息处理平台

在信息技术高度发达的今天，建立起能在分布式环境下提供集成化服务的信息处理平台则是现代图书馆信息服务体系的必要手段，体现了"法"的因素。

（1）信息整合：从信息资源的构成看，大量资源来自异构的检索平台、多样化的语种、不同的访问权限，各类型资源的内容也存在着一定的交叉重复，导致检索时既需掌握多种系统的使用方法，又需要利用不同检索工具。重复使用各种检索策略，造成人力浪费和检索效率的低下，甚至出现人为的遗漏，使信息资源难以实现交互式的完全共享。要解决这些问题，应通过开放语言描述集成定制结构或流程，以分布式服务和开放描述支持对资源（如 OPAC、各类型数据库、网络信息资源库、实时咨询知识库等）的动态的搜寻、调用、解析和转换，通过开放链接进行数据对象的传递，从而使集成本身形成可解析、可复用、可伸缩、可扩展的知识源库，然后通过开放式协议对分布式信息资源进行有效整合。

（2）信息分析评审：对于知识元库中的数据，经过动化技术聚类、摘要、提取后，还可由计算机系统自动分析或分发至咨询专家进行分析、评审，以确认其价值，并提供给相应的用户。

### 4.服务平台

网络信息服务大量的需求来自不同的读者类型、要求提供不同种类的资源、信息传递与推送也必须经过不同的途径，故而在实行服务时，需要从易用性原则出发，将模块化的服务平台（如终端用户检索软件模块、在线咨询交流软件、个性化服务定制与推送软件模块、快速物流传递系统等）集成在统一的用户界面下，使读者享受到快捷高效、交互型的一站式服务。以中国人民大学图书馆为例，其"数字图书馆个性化信息服务系统"集数字资源检索、个性化推荐、在线交互咨询服务为一体。读者可整合检索包含馆藏书目、馆内光盘数据库资源以及各种许可范围内的网络数据库资源；可直接进行续借、预约，在线阅读全文电子书，下载部分论文全文；自动根据用户填写的研究方向为用户推荐相应的图书论文资源，同时根据用户对资源的一些反馈信息来进行协同推荐；还可进行在线交互式咨询。

# 第三节 图书馆的管理服务体系

在我国，对于图书馆管理含义的认识，是随着国外管理学理论和方法的译介，以及图书馆管理实践的发展深化而逐渐完善起来的。

## 一、图书馆管理

图书馆管理是研究图书馆活动及其规律的科学。它是管理科学应用于图书馆而形成的，是现代图书馆学的一个重要的分支学科。主要研究各个图书馆的管理活动以及对众多图书馆乃至整个图书馆事业的管理。

### （一）图书馆管理的含义

关于图书馆管理更为明确的含义，至今还没有一个确切的表述，国内外学者看法也不尽相同。国内许多学者给图书馆管理下的定义至今尚未取得学术界统一代表性的定义。

倪波、苟昌荣认为：图书馆管理是指应用现代管理学的原理和方法。合理组织图书馆活动，有效地利用图书馆的人力资源和物质资源，发挥其最佳效益，达到其预定目标，并在此过程中不断地审查改进，最终圆满完成任务的过程。

黄宗忠认为：图书馆管理就是通过计划、组织、指挥、协调和控制等行动，最合理地使用图书馆系统的人力、财力、物质资源，使之发挥最大作用，以达到图书馆预期的目标，完成图书馆任务的过程。

吴慰慈认为：图书馆管理是对图书馆的文献信息、人力、财金、物质资源，通过计划、决策、组织、领导、控制和协调等一系列过程，来有效地达成图书馆的目标的活动。

原国家教委高教司《图书馆管理学教学大纲》提出：图书馆管理是指以图书馆发展的客观规律为依据，遵循管理工作的内容与程序，建立优化的管理系统，合理配置和利用图书馆资源，实现其社会职能的控制过程。

图书馆管理是把图书馆的文献信息资源、用户、馆员、技术方法、设施等分散要素的联系起来构成一个有机的整体。没有管理就不能开展图书馆的活动，更谈不上图书馆工作质量与效率。这种管理活动既包括信息资源的管理，也包括图书馆人力资源、物质资源、财金资源的管理。图书馆管理者必须平衡四者之间的关系，不能厚此薄彼。

图书馆管理既不是指图书的管理，也不是指图书馆的具体业务工作。与图书馆管理相关的图书馆管理学，则是研究图书馆管理的基本理论、管理过程、管理方法、各种具体管理和图书馆管理趋势的科学。它是图书馆学的一个分支学科，是管理学在图书馆管理实践中的应用。图书馆管理是遵循图书馆工作的客观规律，通过计划、组织、协调、指挥等手段，合理配置和使用图书馆资源，以达到预期目标，满足用户知识信息需求的一种活动。

我们认为，图书馆管理是对图书馆的资源，通过一定的科学手段而实施的行为过程的目标活动。它包括微观管理和宏观管理两个部分，微观管理是对于个体图书馆的管理。宏观管理则是对社会图书馆事业体系的管理。在当今信息时代，抓住时代特色，全面运用现代管理理论，用以指导现代图书馆的全部活动，提升现代图书馆管理水平的整个过程。

## （二）图书馆管理的特征

作为一种特殊的社会实践活动，图书馆管理具有一般社会实践所共有的客观性、能动性和社会历史性等特性，使这些特性在图书馆管理中有其具体的表现形式。整个实践的特性对于不同的实践活动来说是一种共性的东西，具有这种共性的各种实践活动又表现出不同的特性，因此图书馆管理具有以下几个主要特征：

### 1.总合性
所谓图书馆管理的总合性，从空间上来说，就是它贯穿在一切图书馆活动中，存在于图书馆活动的一切方面和一切领域，凡是有图书馆活动的地方，就有图书馆管理存在。从时间上来说，它与图书馆共始终。在中国商代，不仅有藏书之所、掌书之人，而且有管书之法。商代设史官掌管藏书，虽然这一时期尚未形成书籍分类和编目体例，但对藏书的管理已存在一定之法。商代史官在甲骨片编连成册之后、为便于查找，在贮藏中采用标签形式将其标识。另据英国考古学家伍利 1930—1931 年在幼发拉底河口附近的乌尔发掘出的 400 多块泥版文书和 1000 多片残片中，发现上面的经济资料是按主题和年代排列的，泥版还挂有内容简洁的标志牌。经专家鉴定，这些泥版文书是一所寺庙图书馆收藏的，大约存在于公元前 3000 年。这是国外存在最早的藏书管理，代表着国外原始的图书馆管理思想。

随着信息技术的发展，图书馆的形态可能会发生一些变化，传统的纸质图书馆可能会逐渐萎缩，虚拟图书馆、电子图书馆、数字图书馆或网络图书馆将登上历史的舞台。但我们认为，只要还存在图书馆活动，不管其形式如何，仍然离不开管理。因此，在图书馆发展的长河中，管理是无处不在、无时不有的一种社会活动，它在图书馆系统中横贯各个层次，涵盖一切领域，具有综合性。

### 2. 依附性

任何图书馆管理都必须依附于一定的图书馆业务工作，它的全部实际内容和具体形式不能离开其他业务活动而单独存在，图书馆管理总是对某种业务活动（文献采选、分类编目、书刊借阅、参考咨询、文献检索、情报研究等）进行管理。图书馆管理的这种依附性主要表现在：图书馆管理的目标必须依托于具体的业务活动才能实现，图书馆管理的过程总是伴随着其他业务活动的进行而展开，图书馆管理的结果则总是融合在其他业务活动的成果之后。也就是说，图书馆管理必须以其他某一种、某几种或全部业务活动作为自己的"载体"。

### 3. 协调性

所谓协调性是指调节和改造各种管理对象之间的关系，使他们能相互适应，并按照事物自身固有的规律性在整体上处于最佳的功能状态。图书馆管理与其他业务活动不同：

首先，从活动的对象来看，一般业务活动总是以某个特定的具体事物作为自己的对象，如文献采选以图书馆未收藏的新书、新刊、新报、新光盘等文献载体为对象，分编工作以图书馆已采购回来的新文献为对象，咨询服务以读者为对象等。但是，图书馆管理在一定意义上却是以图书馆系统的各种业务活动为自己的对象，是对这些业务活动之间的关系以及这些业务活动内部的各种要素之间的关系进行协调的活动。与各种业务活动相适应，就有协调这些活动的采选管理、分编管理、借阅管理、咨询管理等形式，这些管理活动通过协调各种业务活动而间接地对它们起作用，从而改变它们的存在状态。

其次，从活动的任务来看，一般的业务活动都有自己特定的具体任务，它们或者是为了购回本馆读者所需要的文献，或者是为不改变文献的形式特征，或者是为了将读者所需要的文献传递给读者，或者是对读者进行信息检索技能培训，或者是为读者提供咨询课题的解答方案等。然而图书馆管理的任务却是"协调个人的活动，并执行生产总体的运动—不同于这一总体的独立器官的运动而所产生的各种一般职能"。也就是说，图书馆管理的主要任务是协调人们的关系和利益，协调人们活动的状态和过程，使图书馆各种业务活动的要素建立某种有序的优化结构。所以，图书馆管理是一种柔性的社会活动，图书馆管理者一般并不直接从事情报产品的生产或信息服务活动，它主要是通过协调各种业务活动的内外关系，特别是馆员之间的关系以及馆员和读者之间的关系，使各种要素、各个环节在共同目标最有效地满足读者的信息需求的指引下，消除彼此在方法上、时间上、力量上或利益上存在的分歧和冲突，从而统一步调，使图书馆的各种业务活动实现和谐运转，成为一个有机的整体。

### 4. 组织性

图书馆管理的组织性，一方面指的是图书馆管理活动总是通过一定的组织（如学校图书馆、科学图书馆、企业图书馆、公共图书馆、工会图书馆等）进行的，这种组织是由进行管理活动的人所组成的一个有序结构。组织既是管理的主体，任何图书馆管理都是由一定的组织机构（即特定的图书馆）去进行的;同时,组织又是管理的对象，因为任何图书馆管理都是对一定组织（即特定的图书馆）的管理。孤立的个人，离开了一定组织的人，是无所谓图书馆管理的。另一方面，它指的是图书馆管理活动本身就是一种组织活动，这种组织活动把分散的资源如人力、物力、财力、信息等资源组合起来，形成一个稳定的、能够不断根据客观环境的变化而进行物质和社会双重结构调整的过程。这种组织过程既把离散的、无序的事物结合成一个相互联系、相互制约的管理组织系统，这是图书馆管理活动得以进行的物质和社会实体;同时又不断地根据变化着的外部和内部情况，对管理活动的各种要素之间的关系进行调整，寻求相适应的物质与社会匹配关系，使图书馆系统朝着管理的目标运动。前者指的是静态的组织性，它表现为一种有序的组织形式;后者指的是动态的组织性，它表现为一种能动的组织职能。图书馆管理的组织性是图书馆管理最基本的特征，也是其他特征存在的内在根据。

### 5. 变革性

管理在本质上是变革活动，是使人获得真正自由的活动。管理的特点就是变革——迅速的、不断的、根本的变革。图书馆管理也不例外。从现象上看，图书馆管理有保守的一面，它要维持图书馆系统一定程度的稳定，要用一定的原则、规章制度约束图书馆的成员。但是，保守性、束缚性只是图书馆获得发展的手段，因而是暂时的、相对的。稳定是运动的一种特殊状态，因此，图书馆系统中的人、财、物、信息等要素是不断变化发展的，图书馆系统外部的经济、政治、文化、科技等环境也在不断变化。要实现对图书馆的真正有效管理，目标和计划就要反映对象的变化，协调活动就是要使系统内外因素的配合在变动中定向合理，要不断通过信息反馈实现对图书馆的动态控制，要根据图书馆的发展改变失去合理性的规章制度。由此可见，图书馆管理的变革性是由图书馆本身的活动决定的，具有客观性。图书馆管理的变革性更重要地表现为其发展演变。图书馆管理是一种主观见之于客观的活动，它要反映图书馆的变化，不仅要反映图书馆现时的变化，而且要反映图书馆变化的趋势，还要反映趋势的转变，这一切只有通过科学预测、设立目标、制定计划、完善组织、实施控制等一系列动态管理活动反复循环才能实现。

### 6. 科学性

图书馆管理的动态性并不意味着图书馆管理没有规律可循。尽管图书馆管理是动态的，但还是可将其分成两大类：一是程序性活动，二是非程序性活动。所谓程序性活动，就是指有章可循，照章运作便可取得预想效果的管理活动，如制定读者服务工作中的各种规章制度，制定人员管理工作中的录用、奖惩、培训等方面的条例，制定行政管理的各种规章制度，制定后勤管理的各种规章制度等等。所谓非程序性活动，就是指无章可循。需要边运作边探讨的管理活动，如建造新馆、建设图书馆自动化系统、图书馆组织机构的调整、复合图书馆的设计等。这两类活动虽然不同，但又是可以转化的。实际上，现实的程序性活动就是以前的非程序性活动转化而来的，这种转化的过程是人们对这类活动与管理对象规律性的科学总结，图书馆管理的科学性在这里得到了很好的体现。此外，对新管理对象所采取的非程序性活动只能依据过去的科学结论进行，否则，对这些对象的管理便失去了可靠性，从自身上也体现了图书馆管理的科学性。

由于图书馆管理对象会分别处于不同系统（如科学院系统、文化系统、教育系统、工商企业系统等）、不同部门（如采访部、编目部、流通阅览部、典藏部、参考咨询部、研究辅导部、信息技术部、特藏部等）、不同环节（如出纳台借还、书库整理）、不同的资源供给条件等环境中，这就导致了对每一具体管理对象的管理没有一个唯一的完全有章可循的模式，特别是对那些非程序性的、全新的管理对象更是如此，因此，图书馆具体管理活动的成效与管理主体管理技巧的纯熟程度密切相关。事实上，管理主体对管理技巧的运用与发挥都体现了管理主体设计和操作管理活动的艺术性。另外，由于在达成图书馆资源有效配置的目标的过程中，可供选择的管理方式、手段多种多样，如何在众多可供选择的管理方式中选择一种合适的用于现实的图书馆管理之中，也是管理主体进行管理的一种艺术技能的体现。

## 二、图书馆管理的对象

图书馆管理的对象有人力资源管理、物力资源管理和财力资源管理。人力资源管理包括图书馆员工管理和读者管理；物力资源管理包括图书馆的文献信息管理、图书馆的建筑和设备管理以及技术方法管理；财力资源管理指图书馆的各项经费开支以及各种经营性收入管理。

### （一）图书馆人才资源管理

#### 1. 员工管理

图书馆员工是图书馆连接文献信息与读者的纽带和桥梁，是图书馆活动的管理者和组织者。图书馆工作效益的高低和社会影响的好坏，取决于图书馆的员工，所以图书馆员工是管理的主体要素。图书馆的员工分为图书馆专业人员、图书馆技术人员和图书馆行政人员三大部分。管理者应通过定岗、定员、考核、选举、激励等多种形式，激发员工的积极性和创造性，调动他们的潜力，使员工的聪明才智得到充分发挥，努力做到人尽其才、各得其所、各获其荣。

#### 2. 读者管理

读者又称为"用户"，是图书馆的服务对象。图书馆因读者而生存，读者的存在和需要是图书馆生存和发展的动力。由于图书馆读者群的复杂性、多变性和信息需求的多样性，读者管理成为图书馆管理中最活跃的要素。管理者必须树立"读者至上"的思想，一切管理工作都以用户文献信息需求为出发点和归宿，最大限度地满足读者日益增长的知识信息需求。

### （二）图书馆人力资源管理

#### 1. 文献信息资源

图书馆的文献信息资源统称"图书"，是图书馆的"立身之本"，也是图书馆存在的先决条件，是图书馆系统中最基本的要素。它是根据图书馆的性质、任务和方针，以及特定读者群的文献信息需求，经过长期日积月累而形成的文献信息体系。图书馆的文献信息资源随着科学技术的发展，载体越来越丰富多样，有印刷型资源、缩微型资源、声像资源、电子资源和网络资源等。对这些资源进行管理既要确保文献信息资源的系统完整，又要便于读者对文献信息的充分利用；既要着眼于馆藏的特色建设，又要做好资源的共建共享。

#### 2. 建筑设备

建筑设备又称"设备"，是图书馆生存的物质条件。传统图书馆设备包括建筑、书架、目录柜、阅览桌椅等。现代图书馆设备，除了传统图书馆设施以外，还包括许多现代化技术设备，如视听设备、复印设备、缩微阅读设备、传真设备、文字处理设备、图书馆计算机自动化系统、图书馆消防安全系统、中央空调系统、局域网以及互联网接口等。这些设备可以分为两大部分：一部分是围绕着业务工作而产生的现代化技术设备系统；另一部分是为业务主体服务的行政后勤服务技术设备系统。

### 3. 技术设备

图书馆的技术设备，以自动化系统为核心，由计算机软件系统、硬件系统和数据库三大部分组成。随着科学技术的发展，数字化图书馆的出现，信息设施、信息资源、信息人员的智力将融为一体，图书馆的自动化系统会越来越趋于完善。图书馆的建筑设备将会随着这些技术方法的应用而发生很大的变化。为此，图书馆的管理者应该用战略的眼光去规划和建设图书馆文献信息服务技术设施体系，为信息资源体系的形成、维护、发展，以及开发利用提供条件。

### （三）图书馆财力资源管理

图书馆的财力资源主要来源于政府对图书馆的拨款，以及社会各界对图书馆的资金投入。图书馆的经费开支主要用于购置各种载体的文献信息资料、业务活动开支、行政管理费用、员工工资、设备维护费等。经费预算是图书馆经费管理的一项基础工作，在预算的执行过程中，应该有严格的经费结算制度。管理者应通过核算执行情况，为经费管理提供相关信息。在经费管理过程中，应加强财务制度，严格执行有关的财务制度和规范，通过严格的财务制度管理图书馆的经费，以最低的成本产出最大的效益。

## 三、图书馆管理基本要求与内容

### （一）图书馆管理基本要求

现代图书馆管理的基本要求是管理规格化，劳动组织合理化，工作人员专业化，业务工作计量化。具体地说管理规格化是指有完善的规章条例和业务标准，所以，图书馆管理的规章条例化和业务技术标准化是规格化的两大内容。劳动组织合理化是指以最经济的人力，取得最佳的工作效果是图书馆合理的劳动组织所要达到的主要目标，为了实现这个目标，必须：①根据本馆的性质和具体任务，以节约人力、方便管理、减少层次、提高效率为原则，合理建立业务机构；②根据本馆收藏的文献资料的类型和用户需要的特点，科学地划分工序和工作范围；③建立岗位责任制，明确规定职责范围，让每一个部门和每一个工作人员都承担起应负的责任，做到各负其责，各尽其力。工作人员专业化是指培养一支合格的专业化队伍，是实现图书馆管理目标的必要措施。图书馆工作人员的专业化包括两个方面：一是必须具备图书馆学、信息学的基本知识和图书馆工作的基本技能；另一个是向文献信息工作专门化的方向发展。业务工作计量化是指建立一套系统的图书馆管理统计制度。统计数据能够反映图书馆的基本情况，是改进工作、提高服务质量的重要依据，对于图书馆实行科学有效的管理可以起到"耳目"和"参谋"的作用。

### （二）图书馆管理内容

现代图书馆管理是通过决策、计划、组织、控制、协调实现的。各环节之间不是相互割裂的，是相互联系、相互制约，共同作用于管理活动的全过程，形成了图书馆管理的特定内容。

#### 1. 决策

任何图书馆系统及其所属的子系统的管理过程，都离不开正确的决策。图书馆系统的决策，主要包括：图书馆发展方针、政策、战略方面的决策；各项业务工作的决策，如采集文献品种与复本数量的决策，分类法的选择，馆藏划分最优方案的选择，排架方式的选择，开架与闭架方式的选择等等。人事方面的决策，包括人员治理结构的确定，人员更新与培训的方式，奖惩制度的制定等等。财务、设备方面的决策，包括经费及其合理分配，设备、用品的选择等。

#### 2. 计划

这是管理过程中的一个十分重要的因素。计划是一种预测未来、确定目标、决定政策、选择方案的连续过程，是图书馆各项活动的指针，图书馆系统的各方面决策都是要通过计划去实现的。图书馆计划包括两个基本方面：一是国家图书馆事业发展计划，一是个体图书馆的发展计划。

计划是由定额、指标、平衡三部分组成的。各项定额是发展计划的基础，计划的内容和任务则体现在指标上，计划就是综合平衡，平衡表是基本手段和工具。国家图书馆事业发展计划是各分项计划的集合，一个馆的总体计划是本馆内各个部门计划的集合。在制定各项计划时，应明确该项计划的主要任务及其在总体规划中的地位和作用，认真选取衡量该计划发展水平的主要指标，规定发展的规模和发展速度，突出发展重点、规定适当比例，注意各计划之间的协调。

#### 3. 组织

组织指对各项活动所需的资源加以组合，建立组织的活动与职权间的关系的过程。组织是发挥管理职能、实现管理目标、完成计划的保证。组织工作是一个分工的行为，同时又是一个组织各方进行协作的行为。组织工作还包括人事工作，即为组织的工作过程中设置的工作岗位配备合适的职工人选。因此，在图书馆管理系统中必须要有健全的组织机构，明确各个工作岗位的职责，确立各级人员之间的相互关系，做到职责分明、权责结合。

### 4. 领导

领导工作是影响人们为实现组织的目标而努力。包括激励、领导的方式方法、沟通等问题。图书馆要建立合理的领导层的群体结构，注意选拔主导型人才，重视领导者群体的智力结构，加强领导者之间的团结协作。图书馆的领导应当注意在正确运用合法权利、奖励权力之外，学习和掌握图书馆专业知识和管理知识，不断完善本人各方面的素质，增强自己的专家权力和个人影响力。

### 5. 控制

这是按既定的工作计划、标准去衡量各项工作成果，并纠正偏差，使工作按计划的方向进行。所以，控制不仅是对现有工作成果的评定，更重要的是认识和判断工作发展的趋势并为改进工作提供信息反馈。可以说，没有良好的信息反馈，图书馆就无法对自己的各项工作进行有效的控制。这是因为控制的功能是通过输入、中间转换、输出、反馈四个环节实现的。

### 6. 协调

协调是管理过程中不可缺少的环节，它可以使图书馆事业的建设或一个图书馆的各项工作趋向和谐，避免矛盾和脱节现象。从微观角度看，指的是图书馆内部纵向和横向的协调。纵向协调，就是要保持图书馆各层次子系统的上下平衡；横向协调，就是要保持图书馆系统各层次彼此之间的协作、以避免各个工作环节和各个部门之间发生脱节或失调现象。从宏观角度看，是指与图书馆外部的协调。这种馆际之间的协调，也分为纵向层次的协调和横向层次的协调。纵向层次的协调指的是本系统图书馆从上至下的协调；横向层次协调指的是本图书馆系统方针、任务与其他图书馆系统的协调。

## 四、图书馆管理的基本原则与意义

### （一）图书馆管理的基本原则

#### 1. 集中管理

集中管理是我国图书馆事业管理的重要原则。集中管理包括两个方面内容：一是指图书馆事业建设要有集中统一的管理，以便协调全国各系统、各地区图书馆的工作，有目的地规划全国图书馆事业的发展，组织全国性的图书馆事业网；二是指图书馆业务技术工作的集中管理，即实行图书馆业务技术工作的标准化，其中包括统一分类、统一编目、统一数据存储格式和信息交换标准等。

#### 2. 民主管理

民主管理是我国图书馆管理的又一重要原则。所谓民主管理，就是吸收图书馆工作人员和用户代表参加图书馆的管理工作，图书馆可以建立有馆员和用户代表参加的民主管理组织。建立这个组织的目的是提高图书馆的管理水平，它在图书馆管理中起着参谋作用，其任务是：①对图书馆工作提出合理化建议和改进意见；②督促图书馆工作计划的执行；③对专业人员的安排和使用提出建议；④对领导干部的工作进行监督等。

### 3. 计划管理

这也是我国图书馆管理的重要原则。图书馆的计划管理就是要发挥工作计划在管理过程中的作用。工作计划是根据客观实际情况和工作任务的要求，预先确定开展工作的目标、措施和步骤以及方法等。工作计划可以分为全局计划、部门计划或某一项工作的专门计划。制定工作计划必须从实际出发，留有余地。在执行计划的过程中要随着客观情况的变化对计划做适当的修改。如果工作无计划，就不能有效地组织业务活动。因此，正确地制定和执行各种工作计划是图书馆管理中不可缺少的环节。

### 4. 注重经济效果

注重经济效果就是要研究如何合理地使用人力和经费，最充分地发挥图书馆各种设备的能力，建立最优化的文献信息资料的收藏系统和服务系统，以及与之相适应的各种科学的规章制度和条件。要力求用最少的经费补充用户最需要、最有使用价值的文献资料，用最经济的劳动加工整理各种文献信息，用最快的速度为用户提供各种资料，并使图书馆的各种设备最大限度地发挥作用，保证图书馆各种活动的最大效能。这些应该是图书馆管理所追求的目标。人力、物力、财力和时间的浪费以及无效劳动，都是与图书馆管理的原则不相容的。注重经济效果，应当成为图书馆管理的一项基本原则。

## （二）图书馆管理的意义

### 1. 图书馆管理是图书馆事业具有全国规模的需要

图书馆工作是在科学发展和社会进步的推动下不断向前发展的，它自身同样经历着又分化又综合的过程。在科学文化信息交流中分化出图书馆系统，图书馆系统又分化成各种了系统和二级子系统；这些子系统和二级子系统又相互依赖，互相制约，不可分割，共存于图书馆系统的统一体中，共同完成向社会提供文献信息的任务。

随着人类社会的进步和科学文化的发展，图书馆的数量不断增多，类型不断增加，同用户的联系面更加广泛。这说明图书馆已不是孤立的单个的存在，而是一个社会的有机整体。因此，需要通过管理密切图书馆与图书馆、图书馆与用户之间的联系。

图书馆事业是由各种不同类型的图书馆组成。要使具有全国规模的图书馆事业布局合理，协调而又有计划地发展，必须对全国图书馆事业实行科学有效的管理，把丰富的文献资源当作全社会的共同财富，有效地加以开发和利用。

## 2. 图书馆管理是有效利用信息资源的需要

信息广泛存在于自然界和人类社会，包括自然信息、社会信息、生命信息和机器信息。对于人类来讲，时时刻刻都在传递和接收着大量的信息，其核心都是知识。信息是动态的概念，它只有在流通中才能发挥作用。只有运用科学的方法并加以管理，信息的价值才能得到有效的体现。

当前社会中，文献是主要的信息来源，是信息存在的一种物质形态。在文献量激增的当代社会里，要求图书馆对数量庞大、内容复杂的文献资料进行准确的挑选和科学地整理，及时将信息传递到用户手中，没有对文献信息资源科学、有效的管理是根本不可能做到的。所以科学、有效的管理是有效利用信息资源的前提。

## 3. 科学有效的管理是实现图书馆工作现代化的需要

图书馆组织管理的有效性和科学性、既是图书馆工作现代化的需要，也是实现图书馆工作现代化的基础。没有图书馆组织管理的科学化，也就无法实现图书馆工作的现代化。例如，要建立起拥有先进的技术和设备、能够迅速准确地将文献信息资料传递到用户手中的信息网络，必须加强对图书馆工作和图书馆事业的科学、有效地管理。没有科学、有效的管理，不提高图书馆管理的水平，即使有了先进技术和设备，也不能充分发挥作用。现代化信息网络的建设及其作用的发挥，不仅取决于现代化的技术和设备，而且取决于图书馆管理的水平。

# 第三章　图书馆的核心业务与服务

## 第一节　馆藏建设

### 一、文献与馆藏

国际标准化组织《文献情报术语国际标准（草案）》（ISO/DIS5217）对文献的定义是："存贮、检索、利用或传递记录信息过程中，可作为一个单元处理的，在载体内、载体上或依附载体而存贮信息或数据的载体。"我国颁布的国家标准《文献著录总则》（GB3792.1—83）定义是："文献是记录有知识的一切载体。"

图书馆的馆藏是图书馆依据各自的目标、任务，通过科学采访、维护，长期积累而形成的本馆文献资源体系。它是图书馆开展服务的重要基础。馆藏的数量和质量，都是影响图书馆服务工作质量的重要因素。

### 二、馆藏建设的目的

馆藏建设是图书馆的基础工作。馆藏建设的目的是在不断增长和不断更新的过程中，维持一个高质量、高效用的文献资源体系，最大限度地满足读者的需求。

### 三、公共图书馆的文献类馆藏

现代公共图书馆的文献类馆藏，可以从不同角度划分为不同类型，但公共图书馆馆藏建设的决策经常考虑的类型是按载体或出版形式划分的形式结构，以及按读者需求划分的内容结构。

### 四、公共图书馆的非文献类馆藏

公共图书馆具有最广泛的用户群体，从人的年龄上涵盖了从婴幼儿到老年的所有年龄段。从婴幼儿的认知和心理特点出发，玩具是这个年龄段最好的"阅读"对象。

此外，其他反映人类文明或地方文化的实物也可能成为图书馆的馆藏。这部分馆藏就构成了公共图书馆的非文献类馆藏。

## 五、公共图书馆服务可利用的非馆藏文献

计算机技术和网络技术的发展，给传统的文献出版与发行方式带来了深刻的变革，产生了大量在世界范围内可自由存取的网络文献资源。这类文献不仅数量庞大，而且种类繁多、内容庞杂，且处于无序状态。图书馆通过虚拟链接等信息导航方式引导读者利用网络文献信息，相当于延伸了本馆的馆藏体系，网络文献成为图书馆非馆藏类文献的主体。此外，图书馆临时征集的用于展览的文献，如书画作品、专题文献、各类实物展品等也构成图书馆非馆藏类文献的一部分，成为当地民众获取更多知识信息的一个途径。

# 第二节　文献加工

## 一、文献加工整理的目的

图书馆馆员经过对社会文献的筛选，建立了与用户需求相适应的馆藏体系，但如何保障对馆藏文献信息的有效查询仍然是一个需要解决的问题。为此，图书馆需要对入藏的文献进行一系列加工。

## 二、文献加工整理的方法

### （一）分类

分类方法是指图书馆职业对人类知识体系进行系统划分，根据由此建立的知识体系和其他原则，分类具体作品及文献的方法。分类方法的作用是多方面的，它既可以用来排列组织实体文献，也可以用来组织网上虚拟文献，是编制分类目录和各种书目的依据，也可以供图书馆进行分类统计、书目推荐和文献查询等。

### （二）标引

标引的作用是对文献的内容进行分析，依据一定的规则用情报检索语言将文献的学科和主题内容揭示出来的方法，是对文献内容的描述。图书馆职业主要采用各类情报检索语言（如分类语言、标题语言、叙词语言、本体等）标引文献的内容。

### （三）文献编目

文献编目是通过对每份入藏文献进行主题内容和实体描述（著录），形成揭示和报道馆藏文献的工具（即图书馆目录）的过程。通过对文献主题内容和文献实体特征的描述，为用户提供检索、确认和获取文献的途径。目前，许多图书馆都采用了计算机编目，形成联机公共目录。早期的计算机编目主要针对纸质文献，随着网络技术的发展和数字化文献的增长，计算机编目技术和标准也在发生着深刻变革。

### （四）文献实体加工

对文献实体的加工，主要是指对图书馆入藏的每一件实体文献进行馆藏标识确认（加盖藏书章）、排架位置确认（贴上书标——索书号）和唯一性确认（贴条形码）等的实施过程。

## 三、文献加工整理的结果

图书馆的文献，经过分类、标引、编目和加工整理后，产生两大结果：一是实现文献的有序集合；二是形成图书馆目录及其他书目工具。

# 第三节 文献提供

## 一、文献提供的目的

文献提供服务是图书馆最基本的服务，其目的是保证用户能方便、高效地获取知识与信息。

## 二、文献提供的方式

### （一）外借

外借就是允许注册用户（或称持证用户）通过一定的手续，在规定的时间内将一定数量的文献带到馆外使用的一种服务方式。为满足用户的不同需求，保障最有效的知识与信息获取，一个图书馆可同时采用多种形式的外借服务方式：个人外借、集体外借、馆际互借、预约外借、自助外借。外借量可以反映一个图书馆的基本业务量。

### （二）阅览

阅览服务是图书馆向注册或非注册用户提供文献和空间以便他们能在馆内使用文献的服务。公共图书馆的阅览服务是一种非常重要的文献提供方式。公共图书馆的阅览服务应该免证，即任何人都可以自由进出图书馆的大门，随意翻阅图书报刊。

### （三）送书上门

送书上门是图书馆通过图书流动车、邮寄或专人递送等方式为不能亲自到馆的用户（如偏远用户、残障用户、老年用户、医院用户、监狱用户）提供文献的服务。公共图书馆是向所有社会成员提供服务的唯一图书馆类型，因此，上门服务是公共图书馆重要的文献提供形式。

### （四）文献传递服务

文献传递服务通常是图书馆根据其用户对特定文献的需求，从其他图书馆或商业性文献资料供应机构获取文献，直接提供给需求者的一种服务。传统的文献传递服务主要通过实体文献的馆际互借方式来实现，当前的文献传递服务多依赖网上传输。

# 第四节　信息服务

## 一、信息服务的目的

信息服务是指图书馆开展的包括信息开发、参考咨询和情报服务在内的深层次的服务。参考咨询是信息服务的一种形式，即对提供问题解答的服务。图书馆开展参考咨询和信息服务，是实现其信息保障使命、支持民众参与民主决策和社会生活的重要途径。

## 二、公共图书馆信息服务的重点领域

公共图书馆信息服务按其服务对象可分成两大类：一是面向个体的大众信息服务；二是面向组织的课题式信息服务。面向个体的大众信息服务是公共图书馆信息服务的重点领域。

## 三、信息服务的形式

### （一）馆内咨询

图书馆通过在馆内设置咨询服务台的形式开展咨询解答服务，例如，帮助用户查找和确定馆藏资料的位置；帮助用户解释查到的资料；利用参考馆藏和网上资源解答用户提出的问题；对图书馆无法解答的复杂问题，将用户指向能解答其问题的其他机构，如政府相关部门、专业协会或组织、商业信息机构。

### （二）电话与网络咨询

图书馆通过设立电话咨询专线和网络咨询台的形式，解答因不能到馆咨询的用户提出的咨询问题。

### （三）联合参考咨询

联合参考咨询是指图书馆与图书馆之间利用各自的人才优势和资源优势合作开展参考咨询的服务形式。互联网的出现使这种服务真正成为可能。

### （四）信息陈列

图书馆为其他机构的信息产品提供陈列空间，对这些信息进行一定程度的管理，方便人们获取和有效利用。如图书馆开辟政府信息查询点，搜集陈列地方政府各部门的发展规划、重大项目建设方案、各种法令、法规、政策文件等提供利用；陈列和提供其他公共服务机构或公益性组织编辑的有关其职能和服务的信息产品（如宣传册等）。

### （五）定题服务

针对用户所委托的特定课题，通过检索该主题已经公开出版的文献并进行综述性研究，提供个性化的分析报告（包括数据统计、发展趋势等），为用户决策提供可直接参考的情报服务。定题服务按服务内容和形式可细分为：科技查新服务、市场分析服务、媒体监测服务、竞争情报服务等。

### （六）信息推送

针对特定的用户群体所关注或感兴趣的某一主题或某一领域，通过信息摘编等形式定期通报最新信息的一种信息服务方式，是一种跟踪服务方式，要求提供的信息具有新颖性和及时性。

# 第五节　读者活动

## 一、公共图书馆开展读者活动的目的

公共图书馆的读者活动是指公共图书馆在其服务的社区中开展的除文献提供和信息服务之外的其他活动，如阅读促进活动和社区活动等。开展读者活动一方面是为了倡导阅读行为，宣传图书馆的资源与服务，让更多的人成为图书馆的用户；另一方面是为了丰富社区成员的文化生活，使社区成员能够在非正式场合下进行交流，帮助他们融入社区生活，也使图书馆成为社区中心，成为"社区的第二起居室"。

## 二、公共图书馆读者活动的类型

### （一）阅读促进活动

阅读促进活动是图书馆为培养和推广阅读兴趣，提高社会阅读量而策划和开展的图书宣传及提供活动，以培养阅读兴趣为旨归。公共图书馆的阅读促进活动通常针对不同的年龄特点和需求来设计，特别重视儿童的早期阅读。

### （二）社区活动

社区活动是指图书馆为辖区成员组织开展的并不一定是与文献资料的利用直接相关的各类文化活动，包括各类培训（手工烹饪、体操、摄影等）、讲座、展览、表演、合唱、吟诵等，为社团的自发活动提供活动场所。图书馆开展社区活动，旨在促进社区成员间的交流，形成社区归属感，帮助形成和支持社区的文化特色。

### （三）特殊需求服务

特殊需求服务指图书馆为少数特殊人群，如残障者、少数民族、移民和外来务工者等的文化信息需求提供的特别服务。公共图书馆的宗旨是为所有的社会成员服务，因此，其服务也应当覆盖上述各类人群，根据他们的特殊需求提供有针对性的服务。

# 第六节　讲座与培训

## 一、公共图书馆开展讲座与培训的目的

相对于图书馆开展的大部分个体服务方式，讲座与培训是图书馆开展的群体服务方式。培训与讲座是图书馆完成其教育使命文化传播使命的重要途径。同时，由于培训和讲座都是一种群体服务方式，可以提高图书馆的服务效率。

## 二、公共图书馆的讲座

讲座是以演讲方式进行面对面向公众传授知识并开展互动的活动。公共图书馆的讲座大多是公益性的，旨在帮助用户拓展视野，获取知识，丰富文化生活。讲座涉及的领域可以相当广泛，凡是大众感兴趣的主题，都可以成为公共图书馆讲座的内容。

## 三、公共图书馆的培训

公共图书馆开展的培训有多种性质和形式，如专业业务培训、用户培训、社会培训和社区活动培训等。其中图书馆的用户培训是属于公益性的，目的是提高用户的信息素养，帮助用户有效利用图书馆的资源和服务。

# 第四章 图书馆读者工作研究

## 第一节 读者工作概述

### 一、读者工作的意义及内容

#### （一）读者工作含义

读者工作的含义，有广义和狭义两种不同的说法。

广义的读者工作，也被人们称之为读者管理工作或读者管理，是指图书馆管理者根据图书馆的方针、任务和目标，对图书馆的读者进行有目的的组织与整序，研究其阅读需要的规律，协调其同图书馆的关系，使文献流与读者流有机地结合起来，使图书馆的文献资源和读者的智力资源得以有效开发的过程。它是以整个读者群作为研究对象，了解读者的组成结构、阅读心理、需求等。其目的是提高读者服务工作水平，提高文献的流通服务质量，包括文献的外借、文献的阅览、馆际互借服务、馆外流通服务等。因此，读者工作应该紧紧围绕读者群的组织与整序来进行，也就是使读者在图书馆的一切活动都按照图书馆的管理意图进行有目的、有秩序地运行。

狭义的读者工作，是指向读者宣传、推荐、检索和提供文献的工作，它是开发文献资源的重要手段，是联系图书馆和读者的桥梁和纽带。

这里，我们需要明确另外一个与此相关的概念：读者服务工作。读者工作与读者服务工作，往往被看作是相同的含义，不同的说法，其实这是不全面的。准确的说，它们是两个不同的概念，具有不同的含义。读者服务工作，是指图书馆直接满足读者需要的服务活动，它是读者工作的一个主要组成部分，包含在读者工作范畴内，从属于读者工作，是读者工作的一个下位概念。

#### （二）读者工作意义

目前，读者及其需求的研究，读者利用图书馆文献的行为探讨，读者阅读及其心理分析等，已经成为现代图书馆学理论研究中的一个重要方面。近几年，国内外有不少关于读者需求和利用的调查与意见征询结果表明，尽管近几十年来图书馆藏书成倍地增长，工作内容不断地充实，处理和传递情报的技术手段有了很大的进步，然而读者从图书馆服务中所得到的满足程度并不如原来所预料的那样，图书馆对读者的吸引力仍然若即若离。尤其是网络环境和新媒体环境下，图书馆不再是读者查阅文献的首选场所和唯一选择，读者到馆数量和对图书馆服务工作的满意度远远没有图书馆员们预期的那样。究其原因在于，图书馆尚未最大限度地满足读者的需求。

众所周知，读者需要是图书馆存在和发展的基础，没有读者需求图书馆就没有了运行的动力，也就没有了本身发展壮大的理由；要提高图书馆馆藏的利用率，发挥文献在传递知识、交流情报中的价值，必须有一种读者服务的新观念；图书馆如果要赢得读者，巩固本身的社会地位，实现自身的社会效益，必须以读者需要为第一，以服务读者为至上，并且要讲究服务效率，提高服务质量。简而言之，图书馆工作的成败、兴衰、存亡，都系于读者。

古今中外的许多政治家、思想家、科学家和艺术家都与图书馆有着深厚的感情，他们借助图书馆的丰富藏书，经过长期的自我充实提高，结合自己丰富的实践经验，取得了辉煌的成就，这从另一侧面证实了图书馆读者工作的重要性。

### （三）读者工作内容

在图书馆中，读者工作是第一线工作，它是图书馆其他工作的出发点和归宿。也就是说，其他各项图书馆工作都是为了更好开展读者工作。而读者工作开展的好坏，直接影响图书馆方针任务的完成，从更高层次上说，甚至会影响科学技术的发展和人们文化水平的提高。因此，必须对读者工作实行科学管理。

读者工作的内容范围，随着近年的发展完善，已经逐渐形成一个完整的工作内容体系，它主要包括以下六个方面：

#### 1. 组织读者

组织读者是读者工作的第一步，是图书馆管理者对读者实施有效管理的组织措施。它包括发展读者、划分读者群和整序读者流。

发展读者是通过读者登记来实现的。读者登记工作是图书馆对读者进行调查研究、了解读者、联系读者的基础，是做好读者工作的前提。高等院校图书馆的读者成分比较单一，凡本校的师生员工，都是本馆的服务对象，只要进行简单的读者登记，就可以成为正式读者。但是公共图书馆的服务对象比较广泛，比较复杂，需要根据办馆的方针、任务、规模和条件，以及读者的阅读需要特点等，有目的地发展读者。读者登记表要妥善保存，这不仅是了解读者、研究读者的重要资料，而且是图书馆进行各项统计的依据。为了便于日后开展对读者的研究工作，在读者登记时要详细记录读者的专业、职务、工作性质、年龄等。

## 2. 研究读者

研究读者是指研究读者的阅读规律，包括不同层次的读者在阅读需要、阅读目的、阅读过程上的特点及其规律。研究读者的目的是提高读者服务效益和读者阅读修养，因此，图书馆界学者把图书流通概括为"为人找书，为书找人"是有一定道理的。图书流通就是要让读者找到自身所需要的图书，让图书为适合的读者所使用。所以，研究读者是开展图书流通的基础。只有把握住图书流通的规律，掌握读者的阅读需要，才能找出满足这些需要的方法和途径。

进行读者研究，可以从两方面着手。一方面从宏观方面着手，研究读者的阅读需求，以求掌握各类型读者需求的特点和规律；另一方面从微观方面着手，研究读者阅读的动机与目的、阅读心理与行为、阅读方法与效果问题，有效地满足读者的需求。

## 3. 分析读者

分析读者指的是分析读者的各种需求。

一般地说，不同层次的读者群对文献的需求是不同的。中老年科技工作者所需要的文献多为中外文科技资料和少量专著，其要求是"新""全""专""精"。青年科技工作者精力旺盛，对新事物比较敏感，图书馆应根据实际情况对他们推荐对口书刊。除此之外，读者在不同时期所需要的文献也是不同的，即读者阅读文献具有很强的时代性和阶段性。以高等院校图书馆为例，教学进程的不同阶段，读者用书情况是不同的。如开学初期，教学参考书的借阅量最大，因此，做好这方面的图书流通工作是服务的重点；考试阶段，应适当延长借阅时间，为复习考试创造有利条件。读者阅读的目的也是不完全相同的，有的是为了充实自己头脑，有的是为了解决一个实际问题，有的是为了研究学问，有的是为了享受等。因此，研究读者需求时要具体问题具体分析。

研究读者，进行读者需求分析，有助于从总体上把握其需要的特点和规律，研究读者的阅读动机，不仅是为了提高服务的针对性，更重要的则在于对读者动机加以正确引导，对于高尚的、纯正的阅读动机，应充分地满足其需要；对于阅读动机不纯正的读者绝不能迁就，必须加强教育和引导，使其明辨是非，提高读者的阅读欣赏水平。

总之，研究读者需求是图书馆搞好读者工作的一个关键问题，进行读者研究，有助于提高读者服务工作的针对性和服务质量与效率。

## 4. 服务读者

图书馆服务工作是指图书馆利用馆藏和获得的文献信息，采取多种方式向用户提供服务的一切活动。图书馆服务是图书馆工作的外在表现形式，是图书馆社会价值和最终目标的体现，也是图书馆中最具活力的工作。它包括优化读者服务方式、扩大读者服务范围、增加读者服务内容和提高读者服务水平。图书馆服务读者的传统方式可以根据读者的实际需要，利用藏书、目录、设备以及环境条件，有区分地开展各项服务活动，包括综合应用外借服务、阅览服务、复制服务、咨询服务、检索服务、定题服务、报道服务、展览服务、情报服务等，建立多类型、多级别的服务方法体系。还要有效地满足各类读者对一次文献、二次文献、三次文献的不同需要，帮助读者解决在学习、研究、工作中选择书刊、查询资料以及获取知识信息方面的各种具体问题。图书馆以何种方式服务于读者，主要取决于本馆的性质、规模和读者需求，而且还要随着图书馆的发展和读者需求的变化而不断变化。

目前，随着网络的普及和计算机技术在图书馆中的广泛应用，利用网络为读者提供服务已经成图书馆的服务方向。图书馆的服务方式也由传统的服务转向了现代化服务，例如网上参考咨询服务。

总之，图书馆的读者工作范围和工作内容应根据本馆的具体情况和社会发展水平共同决定。总的要求是"用最少的投入，在最短的时间内，向最多的读者提供最好的文献"。图书馆扩大开架借阅范围，开展参考咨询和情报服务，开展预约借书和文献复制等，就是这一原则的具体体现。

### 5. 教育读者

教育读者是图书馆教育职能的一个具体体现。它包括宣传读者、辅导读者及培训读者三个方面的内容。

宣传读者是图书馆对读者进行科学管理的基本手段之一。在全部的文献流通和情报传递过程中，都离不开宣传工作，否则无法实现图书馆对读者的指导。宣传的根本目的，在于在了解和研究读者阅读需要的基础上，主动向读者揭示文献的形势与内容，宣传先进的思想、科学知识、职业技术以及广泛的文化信息，把读者最关切和最需要的文献及时展现在读者的面前，吸引读者利用图书馆的多种图书文献以及各种资源，使图书馆的资源得到最大程度的利用。

每个图书馆还应该开展阅读辅导工作，针对不同读者的具体情况，针对性地为读者服务。辅导读者的根本目的是在了解和研究读者阅读需要的基础上，积极影响读者选择阅读范围，引导他们正确地选择文献内容，帮助他们学会利用文献和图书馆。读者辅导工作，是在熟知读者及其阅读需要的基础上，进行有针对性的帮助指导，促进读者更好地获得知识，提高阅读能力及阅读效果。

培训读者是为了让读者能更好地利用图书馆的各种馆藏文献，提高读者使用文献的技能。培训读者主要从两个方面入手：一方面培养他们的情报意识，激发他们利用图书馆的欲望，使他们自觉地认识到图书馆是自己的良师益友、终身学习的场所；另一方面提高他们利用图书馆和检索情报的技能，以便能熟练地利用图书馆，具体说，就是图书馆通过各种方式向读者传授"怎样利用图书馆"的知识、目录学知识、文献知识、情报检索与利用知识、网络数据库使用知识等。

### 6. 读者工作管理

为了有效地开展读者工作，读者工作部门本身应进行科学的组织管理，包括岗位设置、人员配置、组织劳动分工、明确岗位责任、建立健全各种规章制度、合理组织辅助藏书、改进服务手段、完善服务体制等工作。

图书馆的组织机构分为业务领导和行政领导两部分。业务领导和行政领导包括馆长、书记以及副馆长，根据党员数量可成立党总支部或党总支，图书馆的各项工作是馆长在上级党委和行政主管部门领导下进行的。

图书馆所设办公室，是从事全馆业务、行政、财务、后勤等事务管理的部门。业务机构包括书库、采访部、编目部、社会科学书库、自然科学书库、期刊阅览部、信息咨询部、网络技术部、数据加工部等。采访部是根据本馆的性质、任务，按计划采购和补充藏书，建立本馆藏书体系的业务部门；编目部是对到馆文献的加工整理部门；一些图书馆采访部和编目部是合二为一的部门，称采编部。书库是图书馆开展图书外借，直接为读者服务的业务部门，通常分为社会科学书库和自然科学书库。期刊阅览部是图书馆管理期刊工作的部门，工作包括期刊的采访、订购、新刊登到、分类、上架、借阅等；同时在馆内开展书刊资料阅览工作。信息咨询部是开展信息资料收集整理、加工、分析研究和传递服务的部门；很多高校图书馆的信息咨询部都开展了高层次信息服务，例如科技查新、论文查收查引、论文检索、科技情报分析与利用等。网络技术部主要负责图书馆主页的维护、数据库的订购与更新，同时负责图书馆管理系统的正常运行，保证图书馆局域网的畅通。

## （四）读者工作的作用

### 1. 读者要素是图书馆知识交流中的关键

图书馆活动是传播社会知识和交流科学情报活动的一个重要组成部分。读者是图书馆知识交流作用的对象，是图书馆知识、情报传递链中的终端环节，一切交流功能的充分发挥和交流效果所能达到的最佳程度，既取决于交流的内容、交流的技术，更取决于读者对交流内容的要求、对知识或情报的吸收能力、读者素质以及运用这些知识或情报改善已有的知识结构，提高认识世界和强化解决实际问题的能力。文献作为一种信息资源，其价值并不一定是显性的，只有在了解读者，进行开发和有目的的定向传递时，才能充分发挥文献的信息价值。此外，读者不仅对文献做出抉择，也通过对文献的取舍和吸收来考核图书馆工作质量。对读者的管理是整个图书馆管理的重要内容，没有读者的图书馆就不能称为图书馆，充其量是个藏书楼。因此，开展读者工作是提高交流效益的关键，读者是构成现代图书馆的要素，是图书馆之本。

相信读者，依靠读者，是图书馆的办馆路线，也是党的群众路线在图书馆管理工作中的体现。依靠读者是以相信读者为前提的，是相信读者的具体表现，依靠读者不是因为图书馆人员短缺，用读者补缺的权宜之计，而是图书馆的办馆思想问题，是图书馆管理工作中的原则性问题。要从思想上真正认识到读者是图书馆的要素之一，读者是图书馆的主人，图书馆与读者是相互依存、不可分割的整体。工作中要为读者创造较多的参与图书馆管理的机会，吸收更多的读者参与图书馆的管理和建设活动。在补充新书和剔除旧书的工作中，在制定图书馆的各项规章制度时，都应广泛听取读者意见，吸收有代表性的读者参与决策，还要注意发挥读者的监督作用。

### 2. 读者需求是促进图书馆发展的动力

"读者"是个广泛的概念，其中有不同的类型，按照人们某些共有的倾向和特征，可以把读者划分为一些大的群体，属于各个大群体内的读者将选择大体相同的主题内容并以大体一致的方式理解、吸收知识和做出响应，这就是读者的分类。我们要了解读者对文献资料的千差万别的需要，就有必要对读者给予群分，因为只有这种分类的方法才能使我们认识和区别读者，寻找出读者质和量的共同点和差异性，总结出读者工作的规律性。

读者需求具有个体性和群体性两个方面，每个读者的需求由于个体的素质和条件的不同，其心理特征互异，因而所寻求和指向的文献都具有鲜明的个性；但是任何读者又都具有共同的文化背景，一定范围内的读者大抵总处在一个相对固定的文化环境中，从事着同类型、同方向的研究工作，同一主题性质的实践活动，其知识吸取或科学交流的环境相同、方法类似，因而需求又具有极大的共同面。作为个体的读者的需求虽然千差万别、变幻多端，表现为一种随机现象，是我们难以把握的，但是作为一个群体中的一员，他的需求总是与此群体所处的特定环境条件、群体的共同特征——职业、教育、年龄、心理、实践经验等相互联系着。各个读者群都有其共性的文献需求、阅读倾向和选择利用文献的方式，这样就使群体内的读者的文献需求又具有客观确定性，只要我们掌握了各个读者群的共有倾向和共同特征，就可以找到读者工作的规律性，更好地为读者服务。所以，对读者需求的研究要以对读者群需求的研究作为出发点，这种研究有利于从总体上实现为读者服务的目的。当然，这里也不排斥对个体读者需求的探索研究，因为任何共性均寓于个性之中，并通过个性表现出来。对一个典型的、有代表意义的个体读者需求分析，可以促进我们对该一群体读者需求的深刻理解。

### 3. 读者服务是衡量图书馆工作成绩的标志

读者服务工作，是图书馆直接满足读者需要的服务活动，是读者工作的主要组成部分。图书馆的业务活动按其性质划分，可分为两大类：一类是文献的搜集、整理、典藏和保管等，即人们普遍称之为图书馆的内部工作；另一类是文献的传递和使用工作，如文献的外借、阅览、宣传辅导等，即是图书馆的对外工作。这两类工作都是直接或间接为读者服务的，都是完成图书馆任务所不可缺少的一部分。但是，由于读者工作是面对读者的第一线工作，因而它在图书馆的业务工作中占有更加重要的地位。读者往往以图书馆读者服务工作的优劣来评价一个图书馆的工作质量。实际上，评价一个图书馆的管理水平和服务效益，是以图书馆的文献被读者利用的程度和这些文献在读者中流通产生的效益为标准的，而不是以图书馆的大小或藏书多少为尺度的。搜集的文献质量如何、数量是否够用、分类和编目的组织工作是否科学，都需要在读者工作的实践中得到检验，读者服务工作是图书馆全部工作的外在表现，是衡量图书馆工作成绩的标志。

**4. 读者教育是开发图书馆潜在读者的重要手段**

现代图书馆同传统图书馆相比，具有较强的教育职能，开展生动有效、丰富多彩的读者工作，进行文献的宣传和推荐，可以传播科学技术知识，帮助广大科技工作者掌握最新专业知识；宣传马克思列宁主义、毛泽东思想，宣传党的路线和方针政策，可以向读者进行革命理想、共产主义道德、爱国主义教育。充分发挥图书馆的社会宣传教育职能，吸引更多的读者了解和利用图书馆资源。

我们应该看到，图书馆虽然是社会知识交流的一个实体，但是它的交流功能至今尚未得到充分的发挥，即使是在图书馆事业较为发达的国家里，也不同程度地存在着这种现象。最明显的表现是，大量的居民只能说是图书馆的潜在读者，而非现实的利用者，或者仅仅是一个短暂时期的读者而非终生使用者。图书馆还只能为占人口比例不大的一部分人服务。所以，在网络环境新形势下，图书馆应该充分利用网络技术的优势，使被动形式的服务变成为主动的、针对性强的服务，以其有效的服务更多地参与社会知识交流和情报信息的传递过程，吸引那些潜在的读者乐意使用图书馆资源。

对于图书馆来说，把潜在的读者扩大为现实的读者，重视对社会成员的知识再教育和情报传递，是充分发挥图书馆的知识交流功能的一项十分重要的任务，如果我们不为多数人提供服务，我们事业的基础将是脆弱的。同样，加强图书馆的教育职能，重视新知识信息的交流，为国民经济建设和科学技术发展服务，扩大图书馆传统读者中情报用户的比重，则是图书馆现代生命力的体现，它不仅标志着图书馆工作向更高层次的发展，也适应了信息时代发展的需要。

# 二、读者工作的指导方针及原则

## （一）读者工作的指导方针

读者对图书馆资源的要求，既有社会职业的要求，又有个人爱好的要求；既有眼前的要求，又有长远的潜在要求等。读者的要求是随着社会需要的发展变化而不断丰富、扩大的，在如此错综复杂的读者要求面前，任何图书馆要想不断地提高读者满足的程度，必须把"读者第一""服务至上"作为图书馆读者工作的宗旨。

早在 20 世纪初，革命导师列宁就明确提出"方便读者""细心读者""迅速满足读者对图书的一切要求"应成为图书馆服务工作的指导思想。20 世纪 30 年代，印度图书馆学家阮冈纳赞提出了著名的"图书馆学五原则"或者"图书馆学五定律"。即"书是为了用的""每个读者有其书""每本书有其读者""节约读者的时间""图书馆是个生长着的有机体"。这五条原则充分体现了阮冈纳赞的"读者至上"的基本思想。

在 20 世纪 50 年代，我国图书馆界提出了"一切为了读者""为人找书，为书找人"的口号。这些内容基本相同的提法，反映了图书馆读者工作的客观规律性，因而对各类型图书馆的服务工作都具有指导意义。

"一切为了读者"就是现代图书馆读者工作的指导方针。

### （二）读者工作的基本原则

#### 1. 为人民服务的基本原则

"为人民服务"是我们国家一切工作的出发点和本质的特征，也是我国图书馆读者工作实践和理论研究的指导思想。这个基本原则和指导思想，为读者工作指明了唯一的、正确的方向。为读者充分利用图书馆提供一切便利，是图书馆对读者进行有效管理的一条原则。这是图书馆的性质和任务所决定的，它有利于馆藏文献的充分开发和利用，有利于提高图书馆的服务效益。

图书馆在贯彻这一原则时，应注意如下五个问题：

一是从方便大多数读者出发。从本质上说，图书馆的规章制度和管理办法是维护大多数读者利益的，不应成为读者利用图书馆的障碍。但是，在实际的工作过程中，作为一个机构，要协调好图书馆、工作人员、读者三方面的关系，图书馆在制定一些规章制度时，会不由自主地倾向于管理方便，形成一些方便管理的规章制度，而忽视了读者的方便。这样的制度必然会造成对读者的种种不便。图书馆规章制度是图书馆工作实践经验的总结和概括，但随着图书馆工作的开展和人们认识的深化，它并不是一成不变的。人们应当根据客观情况的变化及时地检查规章制度，发现确实不合理的就得坚决地加以改革。图书馆制定各种规章制度，既要以便利读者为出发点，又要建立在科学管理的基础上，两者必须统一起来。所谓对读者的便利，是指对全体读者的便利，不能是便利一部分读者而妨碍了另一部分读者。而且，这种便利是长远的便利，不是称便于一时，而贻患于未来。制定规章制度时要体现在保证重点读者需要的前提下，满足一般读者阅读需求的原则。从整体上来看，图书馆要保护多数读者的利益。例如，图书馆为了严防丢失、损坏书刊资料而制定的某些制度，目的就是要保护全体读者的共同利益。

二是建立和完善多功能的目录检索体系，实现目录检索网络化。目录是指引读者查找文献的向导，多功能的目录检索体系可以为读者快、精、准地检索到所需要的文献提供方便。随着科学技术迅猛发展,计算机和通信设备在图书馆得到广泛应用,大部分图书馆目录检索已经实现了网络化,读者只需登录到图书馆主页就可以检索自己所需书目。

三是对藏书进行合理科学的组织与布局。藏书组织是指将图书馆收集并加工的文献按照一定的要求进行合理的布局,组织一个有序化的藏书体系。图书馆的藏书由于日积月累越来越多,内容和形式都较复杂,对藏书进行合理地、科学地组织与布局能够使各种类型的读者,方便及时地借阅到所需图书资料,便于工作人员的管理,提高服务质量,确保藏书完整,避免丢失和损坏;努力做好藏书补充、藏书剔除、藏书保护、图书排架、图书清点、图书宣传、阅读辅导等工作。

四是改进服务方式,扩大文献的开架借阅范围,简化借阅手续。传统的服务方式就是个人外借,为充分满足读者的阅读需要,应该实行集体外借、预约借书、馆际互借、网上文献传递、邮寄借书、馆外流动借书等工作。新媒体环境下,图书馆实现了自动化管理,可以大大缩短读者在借阅处借阅手续的时间,为读者利用图书馆创造便利条件。开架借阅可以实现人与书的直接见面,为读者最大限度地利用文献提供方便。

五是具有合理的开馆时间。延长开馆时间可以使读者利用图书馆的时间增加,无疑是对读者有利的。但是,开馆时间并不是越长越好,因为它要考虑工作人员的作息制度、读者的工作学习时间等问题,所以开馆时间同大多数读者利用图书馆的最佳时间相吻合即可,要科学地安排开馆时间。

## 2. 充分服务的原则

充分服务的原则,即读者至上的原则,就是全面开发和利用图书馆的资源,最大限度地满足读者的一切需要,充分发挥图书馆为社会主义物质文明和精神文明服务的职能,这是读者工作应当追求的共同目标。充分服务的原则,直接体现了"一切为了读者""读者就是上帝"等指导方针与战略思想,反映了两层意思:一是读者服务工作中要以文教为中心开展各项活动,千方百计地满足读者对文献的需求;二是图书馆的一切工作,包括文献工作、行政管理工作、思想政治工作,都要围绕读者的活动进行,以读者的需要作为一切工作的出发点和归宿。

图书馆在贯彻执行这一原则时,需要注意如下三个问题:

首先,把读者利益看作是图书馆的第一利益,树立读者本位意识。这里所说的读者利益,主要指的是读者充分使用图书馆资源的权利,如读者在图书馆里正常的借阅图书期刊、借阅册数、借阅期限、阅读时间、开馆时间等,以及情报咨询、文献利用、图书证的办理及使用等,都应受到保护和尊重,任何人不准以任何借口对读者的上述基本权利施以冲击和侵占。读者的本位意识,是指图书馆是为读者服务的,它的一切活动都应以读者为中心。图书馆收藏图书只是一种手段,而读者利用图书才是最根本的目的,藏书建设应该是读者需要什么,就补充什么;开馆时间也应该是读者利用图书馆的最佳时间，不要在读者有时间阅览时，图书馆闭馆，而读者无暇时，图书馆开馆。读者借阅图书的期限也要根据具体情况来设定，既要保证图书的正常流通，又要确保读者持有图书达到一定时间以便于使用。

其次，尽最大努力满足读者的阅读需要。读者的阅读需要是多方面的，而图书馆的文献资源是有限的，不可能满足广大读者的一切阅读需要，如何使有限的资源发挥出最大的作用，这就需要图书馆采取各种必要的有效措施，制定更为合理的工作流程和规章制度，如延长开馆时间、加大阅览文献的比重、加快文献借阅频率、开展预约借书等服务，来充分满足文教需要。同时，传统图书馆的读者服务主要是以文献借阅为主，而现代化的图书馆则突破了这种局限，开展了多功能服务。即图书馆要深化文献服务，不仅提供文献单元服务，还要提供知识服务，接受各种咨询，解答各种问题。同时，还要扩大服务内容与服务领域，积极为大众提供审美、交流、学习等多方位的服务。在开展多功能服务的同时，图书馆还应尽力加强特色服务，建设自己的特色馆藏，以展示自己的个性，更好地为读者服务。同时，图书馆还应在本地区和本系统内积极开展资源共享活动，通过馆际互借等方式，来满足读者的特殊需要。

最后，图书馆内务工作与读者需要发生矛盾时，应服从读者需要。图书馆的服务工作同读者的需要从根本上讲是一致的，但在具体工作中却经常会发生一些矛盾，例如开馆时间、借阅册数、节假日、图书加工、图书整架等。图书馆在处理这些问题时，应该首先考虑读者的需要，尽量避免发生冲突。

### 3.区别服务的原则

区别服务就是有针对性地满足各种读者的不同需求，其实质在于讲究服务的艺术，注重服务的效果，着眼于服务的质量。该原则是搞好读者工作的基本政策。图书馆工作是一种社会教育工作，在图书馆服务工作中必须针对读者的不同情况，来采取不同的服务方针，有区别地对读者进行服务，才能起到事半功倍的效果。

区别服务主要是由如下三个方面的因素来决定的：

首先，是图书馆藏书结构与读者结构。区别服务原则是建立在对读者和藏书进行系统分析的基础上的，藏书是一个多级别、多层次的动态结构，而读者成分及其需要也是一个多类型、多层次的动态结构。图书馆管理者应该有针对性地采取不同方式来满足不同读者的需要。区别服务的核心是提高读者工作的有效性，使所有的文献资源都能做到物尽所能，发挥其价值，使所有的读者都能各取所需，满意而去。

其次，是服务机构与服务方式。随着图书馆事业的不断发展，社会上出现了各式各样的图书馆，这些图书馆的具体任务和服务对象不同，对书刊文献资料的搜集、整理、保管和传播的内容、形式及方法也各有差异。在联合国教科文组织的支持下，国际标准化组织和国际图书馆协会联合会为制定图书馆统计的国际标准，从1966年开始进行了一系列工作，终于在1974年由国际标准化组织颁布《IS02789-1974（E）国际图书馆统计标准》。该标准将图书馆分为国家图书馆、学校图书馆中的高等院校图书馆、非专门图书馆、学校图书馆、专门图书馆、公共图书馆六大类型。

再次根据图书馆的领导系统，充分考虑图书馆的性质、读者对象和藏书内容等因素，对图书馆进行划分，类型有国家图书馆、公共图书馆、学校图书馆、科学图书馆、专业图书馆、技术图书馆、工会图书馆、军事图书馆、儿童图书馆等。在上述各类型图书馆中，通常认为公共图书馆、科学图书馆、高等院校图书馆是我国整个图书馆事业的三大支柱。由于不同类型的图书馆机构的不同，导致了它们具有形式各异的服务方式，在图书馆的读者中，有些属于重点服务对象，有些则属于一般服务对象。对于重点服务对象，在借书范围、册数和期限等方面应当有区别地给予重点保护和关照。当然，在满足重点读者阅读需要的同时，也要兼顾一般读者的阅读需要。例如在高校图书馆中，高校教师和学生就是重点服务对象，一些社会人员或实行馆际互借的其他在校生则属于一般读者，对于他们图书馆都会采取不同的服务政策。另外，同属于重点服务对象的高校教师和学生，也会在借书期限或册数等方面受到不同的限制。这就是根据实际情况进行区别服务的原则。贯彻区别服务原则能使图书馆的服务工作分清主次，保证重点，兼顾一般，使馆藏文献及人力、设备等条件用在最需要的地方。

最后，是图书馆各种社会职能决定的。所谓职能，就是指人、事物或机构应有的作用。职能是由性质决定的，有什么样的性质就有什么样的职能。图书馆的职能，从根本上讲，是由图书馆的中介性决定的。图书馆的职能也要根据其性质、任务、读者对象、收藏范围和所在地区等具体情况的不同，而有所侧重。因此，应强调从各馆的实际出发，来发挥图书馆的职能作用，以便展现出图书馆的特色来。

### 4. 科学服务的原则

科学服务的原则就是遵循图书馆工作自身的规律，按照科学的思想、科学的态度、科学的方法、科学的管理措施，组织读者服务活动，这是所有图书馆工作者工作的基本要求。科学的思想，就是在读者工作及其研究中，要具有整体的全局的观念，要会运用全面的、联系的、发展的观点来认识问题。科学的态度就是实事求是，一切从实际出发，讲究实效而不图虚名的态度。科学的方法是指在读者工作及其研究中，要形成一整套实践与理论的方法。科学的管理措施，是指拥有读者工作的规章制度、先进的技术设备和服务手段。

### 5. 教育导读的原则

教育职能是现代图书馆的重要职能之一。图书馆的读者群成分复杂，其阅读需要和阅读目的也是多种多样的。为了提高阅读的效果，更好地履行图书馆的教育职能，作为社会阅读活动的组织者，图书馆必须对读者的阅读目的、阅读内容和阅读方法给予积极地引导，使读者阅读活动健康发展。

### 6.资源共享的原则

资源共享是当今图书馆事业发展的一个重要课题，也是读者服务工作的基本原则。早在二十世纪五六十年代，图书馆界就有人提出了这个概念，认为图书馆资源共享，是指图书馆之间相互分享各自的资源，为读者或用户提供更多的服务。现在，这个要领在原来的基础上又有了延伸和发展。例如美国匹兹堡大学教授肯特认为："资源共享是图书馆的一种工作方式，即图书馆的全部或部分功能为许多图书馆所共享。"他还认为："图书馆资源不仅是藏书，图书馆所拥有的人员、设备、工作成果等都是资源，也可以以某种方式为许多图书馆所共享。"关于资源共享可以说是图书馆界多年来的梦想，区域合作、实现文献资源的合理配置与共享是解决图书馆诸如购书经费不足、藏书空间有限、文献保障率低等问题的关键。为更好开发信息资源，为我国的经济建设服务，图书馆应更新观念，改变传统运作模式，利用网络和各种现代化技术，走协作之路，努力实现全方位的资源共享，让"藏书楼"向数字化图书馆转变。

# 第二节　图书馆读者结构

作为整体意义的读者队伍，是由各个不同类型的读者群所组成的有机组织系统，称为读者结构。这些不同类型的读者群具有共同的文化背景和相对固定的社会环境，从事着相同类型、相同方向的社会活动和同一主题的研究任务；在图书馆活动中体现出共同的文献需求、阅读倾向和选择利用的方式。这些共同性为我们研究读者需求规律，更好地服务读者，提供了客观依据。从整体上认识和了解读者队伍的组成系统，分析各类型读者群的个性特点和共性特点，是非常重要的，可以更加合理地组织与发展图书馆读者队伍。

## 一、读者队伍的组织与发展

### （一）读者队伍组织

读者是图书馆服务的对象，通常是由特定范围、特定类型、特定成分的读者类型所构成。在整个国家和地区的图书馆事业中，读者队伍的数量、读者成分、读者类型的广泛程度直接说明了图书馆事业的发展程度，说明了图书馆资源的开发利用程度，同时也说明了图书馆的社会地位和社会作用的发挥程度。因此，图书馆只有做好读者的组织工作，才能开展有针对性的服务工作，提高服务的效率，加快图书馆事业发展的步伐。

做好图书馆读者的组织工作，有两层含义。一是从图书馆事业的宏观角度出发，按照各类图书馆的性质和任务，将各种类型的读者群进行组合，使其成为具有一定内在联系的图书馆读者队伍。包括读者队伍的调整工作，确定图书馆各种类型读者的比例和数量，以及读者登记与借阅卡的发放等工作。其意义在于通过对读者的科学组织，掌握各种不同类型读者群的需求规律和心理特征，在提供一般服务的基础上，进行重点服务，最大限度地满足读者的需求；二是指从图书馆具体工作的角度出发，成立和组建各种不同类型的读者个体参加的读者活动组织。如"读者沙龙""读者协会""读者委员会"及各类定期讲座等。各种读者的组织活动是为了创造良好的阅读环境和条件，提高读者的阅读能力和阅读水平，培养读者图书馆意识所展开的一系列组织活动。它是随着现代社会图书馆读者主体意识的崛起而发展起来的，是图书馆在不断提高服务质量的过程中所开拓的读者服务新领域和新途径。其意义在于图书馆读者也是一种资源，为了更好地面向社会、服务社会，图书馆不仅要充分发掘和利用各种图书馆资源进行社会性服务，同时还要充分发挥图书馆读者的智慧，组织读者参与图书馆事业的管理和活动，提高图书馆在社会中的地位，实现图书馆的各项社会职能。

在图书馆读者队伍中，客观地存在着重点读者与一般读者的区别。重点读者是图书馆的重点服务对象和研究对象。确定重点读者，要把图书馆和读者两方面的情况结合起来考虑。一方面要考虑图书馆的主要性质、任务与藏书结构；另一方面要考虑读者利用图书馆资源的目的以及对图书馆的依赖程度。读者是担负科学研究任务的、系统自学的，还是一般性阅读的；是经常利用图书馆的，还是偶然利用图书馆的；是经常反映阅读需求和阅读效果的，还是不常与图书馆取得联系的。

总之，应当根据图书馆的实际情况，确定不同类型、不同成分的重点读者；同时也要根据读者的实际需求情况，确定重点读者的组织条件。一般来说，图书馆的重点读者应包括利用图书馆资源进行系统学习和从事科学研究的读者。此类读者对图书馆资源的依赖程度比较高，并能经常利用图书馆资源，与图书馆保持密切联系，积极反映阅读需求和阅读效果，所以是图书馆服务的重点读者对象，应给予各种优惠服务。

图书馆读者队伍的组织，除了确定重点读者之外，还应根据社会经济建设的发展，以及社会和读者对图书馆资源的利用状况，及时地对图书馆读者队伍进行调整。在通常情况下，调整读者队伍，应考虑三个方面的变化因素：

（1）国家和地区经济建设及科学文化教育事业发展的变化情况。图书馆只有以国家和社会的发展为主要服务目标，才能生机勃勃、日益发展。社会的发展又是造就一支广泛的、活跃的读者队伍的重要因素，是决定图书馆知识交流和信息传递的规模、范围、开发程度、吸收能力的基础。一般来说，国家经济改革的势头、企业和机构的调整、社会经济成分的变动、工程技术与科学研究项目的发展等都会直接或间接地影响着读者对图书馆资源的需求，影响着图书馆读者队伍的变化。在对图书馆读者队伍调整过程中，首先就必须根据社会的需要来进行，这是保证图书馆文献服务充满活力的根本条件。

（2）图书馆读者队伍的实际变化。由于读者工作的调动、职业的变化、单位的撤销以及读者居住搬迁等原因，读者的借阅卡长期得不到利用，形成长期闲置的借阅卡。而许多需要利用图书馆资源的读者又因为领不到借阅卡而无法利用图书馆资源。必须对持有借阅卡而又长期不去图书馆的读者进行调整。

（3）图书馆藏书结构失调状况。在正常情况下，图书馆读者结构应与藏书结构保持大体平衡，才能最充分地利用图书馆的藏书。否则，就会产生利用率下降的现象。为了充分开发和利用图书馆资源，就应该定期开展验证核实工作，调整或撤销不适宜的读者部分，发展新读者，增减各类型读者成分数量比例，使读者队伍的构成与社会实际需要相适应，与馆藏结构相适应，与图书馆的任务和能力相适应。经过调整，不断提高图书馆读者队伍的质量，使图书馆资源得到充分利用，使应该利用图书馆的社会成员成为图书馆的正式读者。

## （二）读者队伍的发展与转化

对于图书馆来说，把潜在的读者转化为现实的读者，重视对广大社会成员的图书馆意识的教育和信息利用能力的教育，是充分发挥图书馆知识交流功能的一项十分重要的任务。加强图书馆的文献传递职能，扩大读者范围，增加信息用户的比重，促进知识信息的交流，为国民经济建设提供全方位的服务，是图书馆生命活力的体现，标志着图书馆工作更高层次的发展。

### 1.图书馆发展读者应考虑的因素

一般来说，读者的形成和发展与人们生活的社会环境有着密切的联系，因为社会环境既是促进人们求知欲望和滋长信息意识的土壤，又是决定人们对知识和文献需求程度的重要因素。社会政治、经济发展的趋向，市场调节和竞争的手段，企业经营的方式，科学研究的规模和能力，抉择系统的建设和抉择过程的科学化程度等，都是人们进行社会信息传递的根本条件；而社会科学技术的发展水平，社会教育的普及与提高程度，社会的文化和心理特征等，又是激发人们对文献需求、产生阅读行为的重要因素。在现代社会里，科技知识在更广泛的程度上转化为直接生产力，构成社会生产、技术进步、生活改善中不可缺少的决定因素，知识的社会价值得以允分实现，这样尊重知识、尊重人才真正成为社会的普遍风尚，人们的信息意识才能普遍增强。而全民族文化水平的提高，高学历人员比例的增加，科学研究不断深入发展，国内外学术交流日益频繁，以及社会对精神文明建设的重视等，都是进行社会信息传播与交流的有力保证。只有在这样的社会环境条件下，才能出现一支庞大的读者队伍和多样化的文献需求，才能促进图书馆文献交流功能的发挥。

所以，社会环境是造就一支广泛的、活跃的读者队伍的重要因素，是决定社会文献传播和信息交流的规模、范围、开发程度、吸收能力的基础。因此，图书馆读者队伍的发展，必须从社会发展的整体意义出发，分析图书馆与社会之间的关系，在促进社会各方面发展的同时，求得自身的发展。

人们通常认为，图书馆读者队伍的发展，应该考虑三个方面的问题：

（1）各类型的图书馆的主要服务任务及其提供服务的可能条件。由于各种类型的图书馆具有不同的工作性质和服务任务，在发展读者、充分利用图书馆资源的过程中，就应该根据本身的工作性质和任务来确定发展的对象。如公共图书馆是面向公众开放的图书馆，担负着为科学研究服务和为大众服务的双重任务。在促进国家政治、经济、科技、文化、教育事业的发展，提高全民族科学文化水平方面起着重要作用。因此，公共图书馆读者队伍的发展，应充分体现其所拥有的特点，向整个社会提供服务，使每一个社会成员都能充分利用图书馆资源。同时，公共图书馆还应改善文献传播与交流的方法与技术，变被动形式的服务为主动的、针对性强的服务，以积极、有效的方式更多地参与到读者的社会实践活动之中，吸引广大的潜在读者利用图书馆资源。除此之外，发展读者还应考虑图书馆的各种可能条件，具体来说，包括：图书馆的馆藏条件——图书馆藏书的规模、藏书结构及其比重等；馆员条件——图书馆读者服务工作人员的数量、知识结构及其服务能力；馆舍条件——图书馆的空间容量与设备条件，等等，这些是满足读者需求、壮大读者队伍不可缺少的重要因素。

（2）各地区、各系统政治、经济、科技、文化、教育发展的实际需要。社会的文献需求是推动图书馆事业发展的强大动力，为社会的国民经济建设和科学技术服务，是图书馆现代生命力的具体表现。因此，发展读者必须根据社会发展的实际需要，如地区或系统的经济运行特点，科学文化教育事业的发展状况，厂矿企业体制改革的重点问题，科学研究的攻关项目，机关学校的现实工作，以及各行各业、各阶层有文献需求的社会成员，都可以作为图书馆服务和读者发展的对象。只有这样，才能最大限度地发挥图书馆资源的社会作用。

（3）地区或系统图书馆事业发展状况及其图书馆的馆际分工与协调。图书馆事业的发展直接影响到读者服务的范围和规模。由于图书馆事业是一个整体的社会事业，在满足整个社会文献需要的过程中，各类型图书馆都客观存在着一个既相互联系又相互制约的内在机制。因此，图书馆读者队伍的发展，也应本着全面规划、统筹安排、分工协作、紧密联系的原则，在分工协作的基础上，最大限度地满足社会文献需求。一般来说，各系统图书馆主要是将本系统的社会成员发展成为正式读者，公共图书馆则主要把各阶层的社会成员发展成为公共图书馆的正式读者。个人读者按照就近利用图书馆的原则，成为最近的图书馆各项资源的利用者。具有特殊需要的读者可以通过单位和组织，与图书馆建立起各种借书关系，或通过馆际互借方式加以解决。

## 2.潜在读者转化成图书馆的现实读者

潜在读者系相对于现实读者而言，指那些具有阅读能力但暂时尚未利用图书馆资源的社会成员。图书馆发展读者的主要任务，就是将这些潜在读者转化为图书馆的现实读者。潜在读者向图书馆现实读者转化的一个非常关键的因素，就是将读者潜在的需求转化为现实的需求。从理论上分析，读者需求是使读者产生阅读行为最基本的动力，是一种心理状态，通常以个人愿望、意念的形式表现出来。它并不由个人意志所决定，而是由人与人、人与自然的关系以及其联结形成的社会环境所决定。社会不但产生着人类需求的对象，也产生着需求本身。由于读者自身的发展与社会环境的变化，导致了读者需求的不断发展变化。读者需求广泛地存在于读者的社会活动之中，有的可以被读者所感受和表达出来，这种被读者所表达出来的需求，在日常的读者服务工作中称之为现实需求，它直接导致了读者查找文献、阅读文献、利用文献的行为，通过一系列行为活动来满足这些现实需求。而另一部分未被读者所感受的需要或者感受到而未表达出来的需要，就是读者潜在需求，它是客观存在的需求，只是由于各种社会环境因素和自身主观因素的影响而未表现出来。图书馆要将潜在的需求转化为现实的需求，把潜在读者发展成为现实读者，要积极地创造条件，诱导和促进读者需求发生转化。

第一，图书馆应积极地开展阅读指导活动，端正读者的人生态度和个人价值取向。要做到这一点，图书馆就应重视创造良好的阅读环境，给读者以健康文明的影响和熏陶，以正确的世界观和方法论对读者进行正面的教育和引导。尤其是在市场经济条件下，面对各种经济的冲击，人们的价值观发生了很大的变化。如何树立高尚的精神境界，正确处理好"社会与个人"的关系，不仅是社会精神文明建设的主要内容，也是图书馆读者服务和读者教育的重要任务。因此，图书馆在进行政治思想导向教育的同时，还要加强人生观的价值导向，为读者推荐好书，宣传好书，让读者在阅读中潜移默化地接受正确的人生观，引导读者树立健康向上的和积极进取的人生态度和价值观。

第二，应增强读者的图书馆意识。读者的图书馆意识直接影响着对图书馆资源的利用程度，而社会的图书馆意识又是决定图书馆生存和发展的重要因素。长期以来，造成我国图书馆资源利用率不高的一个主要原因，就是社会的图书馆意识不强，广大公众对图书馆工作及其任务缺乏了解和利用能力。为此，图书馆要树立主动服务的思想，把提高读者的图书馆意识作为一项经常性的工作来对待，并贯穿于图书馆工作的各个方面和各个环节、层次，并引起全社会的重视和支持。同时，也要重视自身的宣传，要让广大的社会成员充分了解利用图书馆在其工作、学习和生活各方面的重要意义，借以激发读者阅读和利用图书馆的愿望，从而积极和自觉地利用图书馆资源。

第三，提高读者对图书馆资源的利用能力。图书馆利用能力是一个综合能力，是成为图书馆读者的根本条件和保证，通常包括读者的阅读能力、查找文献的能力及利用文献的能力。其中，阅读能力是读者的基本能力。一般来说，潜在读者包括两类社会成员：一类是有阅读能力，但无利用图书馆的条件；另一类则是有特定的文献需求，有利用图书馆的条件，但无利用图书馆的能力。对于这两类社会成员，图书馆应该通过各种途径将他们组织起来，授以利用图书馆的知识。如开办图书馆知识讲座，介绍图书馆的馆藏情况、业务部门的设置、服务范围和服务内容，以及利用图书馆的方法，帮助读者获取阅读能力，巩固和提高利用图书馆资源的能力，为激发和满足读者潜在需求创造良好条件。

第四，扩大读者服务范围，改进读者服务工作的组织，提高服务质量，以良好的图书馆形象吸引和影响读者利用图书馆。图书馆资源的利用与否，在很大程度上还取决于图书馆读者服务工作开展的好坏和图书馆作用发挥的大小。图书馆工作开展得好，图书馆作用发挥得充分，则可以取信于社会，吸引社会对图书馆的利用，扩大社会公众对图书馆的依赖程度，促进潜在读者向现实读者的转化；反之，则会制约社会对图书馆的利用，甚至危及图书馆的生存和发展。因此，做好图书馆工作，充分发挥图书馆的社会职能，是形成和提高社会图书馆意识的关键，也是发挥读者、壮大图书馆读者队伍的重要因素。

### （三）图书馆现实读者转化为积极读者

潜在读者转化为现实读者之后，仍然存在着继续发展的过程。图书馆如果不能把握这个过程，现实读者还会逆转。因此，加强读者培训，不断提高读者获取知识、信息和文献的能力，掌握利用图书馆的方法，开展丰富多彩的读者活动吸引读者，是巩固读者队伍的有效措施。

发展和巩固读者队伍的最高境界，是培养一大批读者积极分子。积极读者是指以读者身份直接参加图书馆服务和管理工作的社会成员。积极读者把被服务者与服务者统一在一起，把权利和义务统一在一起，从深层次上揭示了读者与图书馆系统的关系，以及读者与社会的关系，都体现了以读者为主体的现代图书馆学思想。

实现现实读者向积极读者的转化，首先是要对读者进行文献知识的教育，使读者了解和掌握图书馆文献资源的类型与特点，以及使用方法和条件上的特殊要求，为读者充分利用不同载体形式的文献打下牢固的基础。其次是要对读者进行文献检索的教育，提高读者的文献检索能力。使读者能够通过各种检索工具，查找和选择所需要的文献。尤其是在现代图书馆中，大量的文献信息都记录和贮存在数据库中，如何通过计算机检索系统选择和确定文献，是图书馆资源利用的关键问题。因而辅导读者正确使用各种检索工具和检索系统，是巩固读者需求和利用图书馆的最基本的措施。再次是帮助读者熟悉图书馆的业务工作和各项服务措施，使读者掌握图书馆学知识和方法，这是提高读者利用图书馆的自觉性和积极性的有效途径。尤其是在自动化和网络化的条件下，掌握有序化文献信息的知识和方法是十分重要的，它能使读者更加快捷、更加广泛、更加准确地选择文献，满足其需求。同时也为读者参与服务、参与管理打下基础，为现实读者转化成积极读者创造了条件。

总之，发展读者，培养一支积极读者队伍是依靠读者力量办馆的具体体现，其实质是促进图书馆事业的蓬勃发展。尤其是在市场经济条件下，读者发展工作更应该得到加强，它不但是发展社会主义经济的需要，更是加强社会主义精神文明建设，提高国民综合素质的迫切需要。

## 二、读者与图书馆读者

### （一）读者概念与实质

读者作为社会历史的产物，是随着社会经济的进步和人类文明的发展而形成的。读者作为一种社会性的概念，主要是指具有文献需求的阅读能力，从事阅读活动的社会成员。在阅读活动中，读者是具有积极因素的主体，同时也是文献作用的客体与对象。读者不能构成特定的职业和社会阶层，它分散存在于一切社会行业和社会阶层之中。任何社会成员都可以根据自己的需要开展阅读活动，都可以成为读者。从人类社会文明发展的过程来看，读者的形成需要一定的客观条件（即社会条件）和主观条件。

#### 1.形成读者的客观条件

（1）物质生活的丰富是社会成员开展阅读活动的根本条件。众所周知，阅读活动之所以能得以开展，是因为人们有了一定的文献需要，而文献需要又是人的各种需要的一种，它来自人的社会实践发展，来自社会物质生产之中。正因为文献需要形成于社会，所以它的发展也直接源于社会的发展。社会是人们以物质生产活动为基础的相互关系的总和，物质生产活动是社会的基础，社会的发展本质上是物质生产的发展，即生产力的发展。随着社会物质生产的发展，人的生存的社会范围不断扩大，人的社会实践活动不断丰富，人的精神活动空间不断扩大，一方面激发了人们众多的文献需要；另一方面，文献需要的对象即文献产品丰富了，使形成于社会实践中的文献需要不断发展，最终导致了文献阅读活动的不断发展。

（2）文献生产方式的社会化是开展阅读活动的直接条件。文献生产是精神生产和物质生产的结合。在长期的社会实践活动中，人们积累了知识，并通过文献进行精神上的交流。因为文献记录了人类的社会知识，是以知识和思想为内核的载体。通过文献的社会化生产和传播，可以进行社会意识的交流，从而满足人们精神需要。在没有文献产生之前，人们交流思想、感情、对客观世界的认识，以及关于物质生产的知识，都只能依靠口头语言来进行，人们被封闭在很小的空间和时间范围内，过着与外界隔绝的刻板、单调的生活。但自从有了文献的生产，在继天然材料载体的手工文献之后，又出现了造纸和印刷技术，人类的生活开始了惊人的变化，人们的精神交流打破了时间和空间的界限，人类文化和知识的传播更多地借助于文献，通过个人的阅读活动来进行。尤其是随着社会科学技术的发展，文献生产方式发生了重大的变化，文献内容容纳得越来越多，涉及的范围也越来越广，其流通传播的领域日益广泛，使人们得到的知识信息成倍增加，新的观念和思想在传播渠道中广为流传，人们借助文献获取知识和文化，交流学术与思想，了解社会与自身，促进工作，满足娱乐，改善生活，使社会的物质文明和精神文明得到极大的丰富。由此可见，文献生产的社会化，使人类社会精神交流的规模急剧扩大，效率急剧增强，是开展社会性阅读活动的直接条件。

（3）人们基本文化素质的提高是使广大社会成员开展阅读活动的重要条件。文献是文化、科学知识的载体，它记载了千百年来人类丰硕的知识成果。人们通过阅读活动，继承前人遗留下来的文化成果，掌握社会生活所必需的知识、技能、行为方式、生活习惯，以及社会的各种思想观念，进而进行自身的社会化改造，以适应社会发展的需要。尤其在现代社会里，复杂的生产劳动，高、精、尖的技术设备，对劳动者素质和职业技能提出了越来越高的要求。因此，人们在社会化进程中，必须经常地、普遍地开展阅读活动，接受社会教育，学习社会知识，提高自身的科学文化知识和思想修养。人们自身素质的提高，又能促进阅读活动的开展。

**2. 形成读者的主观条件**

然而，一个人想要成为读者，还必须具有一定的主观条件。一般来说，一个人由一般的社会个体获得读者身份，应该具有以下三个方面的条件：

（1）强烈的文献需求。读者阅读行为的开展是读者内部意识与外部现象相互作用的结果。在读者内部意识中，文献需求是最本质的、起主导作用的因素，它制约和影响着读者的其他内部意识活动，如认知、情感、意志、动机、兴趣、态度等心理过程的发生和进行，是决定读者行为的根本动力。只有具备了强烈的阅读愿望，才能使读者主动去寻求满足需求的文献和信息，开展阅读行为。因此，它是社会成员成为读者的首要条件。

（2）一定的阅读能力。这是每个读者所具有的必要条件，也是任何一个社会成员成为读者的必要条件。由于文献是科学、文化、知识的载体，读者对文献的利用是一种精神交流的具体表现。对于任何一个能阅读的社会成员来讲，都必须具有一种接受科学文化知识、理解科学文化知识、吸收科学文化知识的共同能力，保证交流的顺利进行。这种能力就是阅读能力，它作为读者的根本属性，对读者行为具有本质性的意义。

（3）从事现实的阅读活动。社会成员成为读者的一个显著特征，就是他必须对某种文献实施了一定的阅读行为。因此，阅读行为是具有读者身份的社会成员与不具有读者身份的社会成员之间的根本区别标志。当社会成员与文献未发生任何联系时，即使具有阅读能力的人，也只能是社会芸芸众生中的一员，不具有读者身份。一旦他与文献发生了某种联系，或借阅或购买时，便具有了读者身份而有别于其他社会成员。所以，现实的读者总是具有一定阅读活动的人。阅读活动使人从一般社会个体成为读者，是读者的象征。

文献需求、阅读能力和阅读活动构成了"读者"这一特定概念的本质特征和特定内涵。读者是利用文献的主体，文献必须通过读者的阅读活动，才能体现其价值与使用价值；读者通过阅读活动获得知识、信息，从而实现人类文化的交流、继承与创新；读者在阅读活动中有自己特定的阅读心理活动，既取决于读者的修养水平以及阅读动机、目的和条件，也受着各种社会环境条件的制约和束缚。

### （二）图书馆读者

图书馆读者是一个特指的概念，通常是指具有文献需求和阅读能力，并充分利用图书馆资源的个体和社会团体。它是一个特定范围的读者，是社会读者中最为活跃的一部分。图书馆读者是图书馆服务的对象，图书馆的一切业务活动，都是以组织和指导读者的阅读活动为目的的。作为一种社会的宣传教育机构，图书馆的各项社会功能都体现在读者阅读活动的效益上。所以，读者是接受图书馆作用的对象，读者的阅读活动时刻都在接受图书馆工作的影响。同时，读者对图书馆资源的利用，一般都具有强烈的自主性。读者是图书馆真正的主人，图书馆的各种资源以及全部的业务活动都是以读者为核心的，其内容与规模是以读者的需求为根据，在充分尊重读者自主性的基础上，为读者提供全面的文献服务，从而满足读者文献需求。图书馆读者数量庞大，成分复杂，类型多样，涉及的社会成员极其广泛。通常图书馆读者可以分为现实读者和潜在读者两大类型。现实读者是指在图书馆活动中有阅读行为的社会成员，其中包括图书馆的正式读者和临时读者。

图书馆虽然是当代社会知识交流的一个实体，但它的交流功能至今未能得到较好的发挥，即使在图书馆事业较发达的国家里，也程度不等地存在着这种问题。解决问题的关键在于使图书馆如何变被动的服务方式为主动的、有针对性的服务方式，如何有效地积极参与社会知识交流和文献信息的传递过程，以吸引那些潜在的读者充分利用图书馆资源，使图书馆真正成为人类文化知识的"喷泉"。

### （三）读者结构

所谓"结构"，就是组成一个整体的各个因素之间稳定的联系。按照辩证唯物主义的观点，任何事物都不是毫无次序地罗列和堆积，而都是按照一定的形式有序地组合而成。虽然图书馆读者是一个松散的群体，彼此之间没有固定的联系和组织形式。但是，由于读者之间所处的环境、文化教育和社会任务相同或相近，使这些读者很容易产生共同的情绪、需求、观念和态度等。因此，在阅读活动中必然产生各种各样的联系，如相同的阅读需求、相同的阅读兴趣等。同时，又由于读者本身的年龄、性别的差异，使读者在文献的需求和选择利用上表现出各自不同的特点。我们认为，图书馆读者也是有层次的，它是由不同层次的读者群组成的有机系统，是由不同成分、不同类型、不同范围、不同数量的读者群所构成的整体。因此我们所说的读者结构，从宏观上来说，是指构成图书馆读者队伍内在联系的各种因素（包括构成读者队伍的社会因素和自然因素）。

构成读者队伍内在联系的各种社会因素主要有读者的职业结构、知识结构、民族结构等；构成读者队伍内在联系的各种自然因素主要有读者自身的年龄结构、性别结构、生理结构、地域结构等。宏观读者结构是指某一具体图书馆的读者构成。它是由不同类型、不同职业、不同文化素养的读者所构成的组织体系。研究读者结构有利于我们掌握读者队伍的现状及其发展变化趋势，为做好读书服务工作提供可靠的依据。一般来说，读者结构在不同程度上影响着读者群的排列组合，影响着读者对文献需求的程度和文献利用的深度、广度。同时，不同的读者结构还影响和制约着图书馆的藏书结构，两者之间相互适应、相互调整，共同完成图书馆系统的正常运行。随着读者结构的发展发生变化，藏书结构要进行相应的调整；而当一定的藏书结构建立之后，对图书馆的读者结构也需进行相应的调整，否则会降低藏书的流通率，形成滞书、死书。读者结构反映了图书馆的基本读者队伍，表明了图书馆的主要服务对象。它是读者服务工作研究的主要内容之一。

读者结构是客观存在的，同时也是无形的。任何一个图书馆都有其与工作性质和任务相适宜的读者结构。

## （四）读者结构类型

### 1. 职业结构

所谓职业，是指通过社会分工，要求人们所从事的某种具体工作。它既是社会分工的需要，也是人们赖以谋生的手段。我们所说的职业结构，是指读者在文献阅读过程中所体现出的各种职业需求的比例。它主要表现在阅读中的职业需要、职业兴趣、职业爱好等特征上。这种职业结构的作用主要表现在它能反映出读者稳定而持久的阅读倾向。

人们通常所说的职业结构往往是指就业后的读者队伍的一种组合形式。实际上，在一些尚未就业的读者中就已经存在着一定的职业特征。尤其是对从事专业学习的学生（大中专生）来说，这种职业的特征表现得更为明显。这群读者在入校之前就进行了职业的选择和定向，在思想上为今后的职业工作进行了充分的准备，心理学上称为"定式"，这种职业的定式，对读者的阅读范围有着决定性的作用。这个时期的读者，已具有初步的职业意识，主要表现在主动掌握有关职业的基本业务技能、培养职业素质和职业兴趣上。所以，读者的职业结构是广泛的，它不但可以构成各种社会职业的读者群，而且还对社会职业的后备军的阅读倾向有着重要的影响。可以这样说，不同的职业结构，可以构成不同类型的读者群；稳定的职业结构，对读者的阅读活动起着决定性的作用，它将在较长的时间内限制和影响读者的阅读方向和阅读内容。

### 2. 知识结构

所谓知识，是指人们对客观事物、现象和过程的反映，是人们运用自己的智力和能力认识客观世界的结果。这种认识客观世界的智力和能力来源于人们的文化程度和科学范围。而知识结构则是指读者在文献阅读过程中表现出的文化程度和科学范围的需求比例。它主要表现在读者的文化特征上，即具有一定教育程度和文化水平的读者对文献需求上所表现出的内容深度、阅读方式、阅读目的的层次级别。知识结构的作用主要是能够反映读者文献信息的接受能力和利用方式。一般来说，具有不同知识水平的读者，在文献的阅读范围、内容深度上也有着很大差别，对图书馆的利用方式及需求价值上也有着明显的不同。如，具有较高知识水平的读者（科研读者、教师读者等）对文献的需求上主要表现为二次文献和三次文献的需求，更多的是利用图书馆的外文资料和特殊资料，通常以参考咨询和文献检索为主要利用方式。而一般读者大多需用中文普通文献。有人曾经做过一个调查，了解青年学生（大学生、中学生）对古、今、中、外文艺作品的需求情况。其结果表明，在当代青年学生读者中，大学生读者对古代文学作品和外国文学作品明显高于中学生读者；中学生读者对现代文学作品的需求略高于大学生；对外国文学的翻译作品的需求，大学生读者和中学生读者大体相当。这个调查结果证明，不同文化程度和知识结构的读者，在文献需求上是有很大差别的。所以，读者的知识结构直接影响着读者接受文献的信息量，同时也影响着读者阅读文献内容的深度和广度。在图书馆这个文献交流系统中，它又直接影响着图书馆藏书体系的构成比例。

### 3. 年龄结构

年龄结构是整个社会读者智力构成的一个重要的亚结构，它是指图书馆读者队伍中各个年龄组的构成比例。其作用在于反映不同年龄阶段的读者在接受文献和理解文献过程中的心理素质及智力状态，是读者智力构成的一个十分重要的内容。

年龄是人类的自然属性，大至一个社会、一个单位，小至一个家庭，都是由不同年龄人组成的，不同年龄的人有着不同的智力和社会任务，对文献的需求层次也表现出明显的差别，体现出不同的阅读兴趣、阅读目的和阅读方式。如少儿读者主要以阅读童话和故事书籍为主，青年读者以阅读社会流行作品和科普著作为主，老年读者以阅读传记、回忆录为主。因此，图书馆对读者的服务必须针对其每个年龄组的读者表现出来的各种特点来进行。目前，随着科学技术的迅速发展，知识陈旧周期的不断加速，新的知识以排山倒海之势涌到人们面前。尽管年龄的增长仍伴随着知识的积累，但是，人们的知识水平与年龄之间已没有非常明显的因果关系了。从大量的科学发明史中可以看出，科研成果的绝大部分出自青年与中年之手。特别指出的是青年读者，由于求知欲强，阅读兴趣广泛，通过阅读，能促进他们的智力开发和世界观的形成。所以，图书馆要特别注意加强对青年读者的研究和指导，帮助他们学会利用图书馆和图书馆里的参考工具书。读者的年龄结构可以直接影响读者利用图书馆的方式，影响读者接受文献内容的层次和水平。

### 4. 性别结构

性别也是人的自然属性。由于性别的差异，读者在阅读过程中表现出来的心理活动具有较大的差异。除此之外，性别结构在阅读兴趣、阅读能力和阅读方式上也都表现出较大的差别。在阅读兴趣上，男女读者对文献内容的选择上具有不同的指向；在阅读能力上，男女读者表现出不同的技能优势；在阅读方式上，男女读者则表现出不同的性格特征。

### 5. 民族结构

读者队伍的民族结构是一种社会因素。由于我国是一个统一的多民族国家，各民族的政治、经济、文化、教育的发展以及语言文字的应用都各不相同，各民族都具有不同的民族特点。因而，不同民族的读者在阅读行为上存在很大的差别。特别是在多民族地区，这些差别表现得尤为突出。统计数字表明，图书馆读者的民族构成中，汉族读者占绝大多数。其他民族的读者在数量上虽然不如汉族读者多，但对他们的文献需求应给予特别重视。在少数民族聚居地区，图书馆应花大力量搜集民族文字的书籍，做好相应的服务工作。

### 6. 特殊生理结构

对于丧失部分生理机能的读者群，我们称之为特殊生理结构。这些读者虽然生理上有缺陷，但大脑健全，与正常人一样，具有特定的文献需求和阅读能力。受生理方面的影响，他们在阅读文献类型、阅读手段和服务方式上，有特殊的要求。如盲人读者通过触摸阅读盲文读物，聋哑读者需要通过手语进行阅读。因此，图书馆应为这些特殊生理结构的读者配备听觉资料、视觉资料和播放、录制设备并送书上门，以多种服务方式给予他们热情、周到的服务。

## （五）读者结构特点

无论什么样的读者结构都具有如下特点：

### 1. 读者结构是一个具有内在联系的组织系统

读者结构不是松散的、零乱的、毫无联系的读者个体的集合，而是由不同成分、不同类型、不同范围、不同数量、不同层次的读者群所构成的一个综合体。在这个综合体中，一定数量的读者个体构成了不同成分的读者群，并体现出具有共性特点的文献需求。而不同类型的读者群体又构成了整个读者结构的各个组成部分，他们相互联系形成一个有机的整体。

### 2. 读者结构是一个不断发展变化的系统

读者结构是一个相对稳定的组织系统，这种稳定性只能在特定的时间范围和特定的空间范围之内体现出来。但是，随着社会的发展和变化，读者需求也将发生变化。读者的需求变化，带来了读者行为上的变化，而读者行为的变化最终将导致图书馆读者结构发生变化。读者结构是一个动态结构，随着社会的变化，以及读者结构各组成要素或组成部分的变化，整个读者结构也会发生相应的变化。

### 3. 读者结构从整体上反映图书馆读者队伍的状况

读者结构反映了图书馆读者队伍的构成状况，各类型读者群的比例决定了文献利用的特点。任何一个图书馆的读者队伍，都是由特定范围、特定数量、特定类型、特定成分的读者群所构成的，各级各类图书馆，有不同的读者群，就有不同特点的读者结构。相对而言，公共图书馆读者类型相对复杂，成分多样，数量众多，其读者队伍的构成状况比较复杂；专门图书馆的读者结构比较单纯，通常由对口专业的读者群所组成，体现出专业化的文献需求特点；高等学校图书馆的读者队伍结构具有层次性和系统性特点，介于中间状态。通过图书馆读者队伍的结构状态，就可以大体了解读者需求的整体特色。

读者结构最基本的构成要素是读者个体，它直接决定读者结构的状况。可以说，读者个体的数量决定了读者结构的大小，读者个体成分的复杂性决定了读者结构的复杂性。将一定数量的读者个体按其内在联系进行排列组合，就形成了具有某种共性特点的读者群。读者群是读者结构的基本单位，它反映了读者结构中各类读者的比重与特点，是读者结构构成状况的具体体现，是对松散、无序的读者个体进行分门别类地划分和组合的结果。它使各种各样的读者个体形成一个个具有共性的群体，这些群体形成具有某种内在联系的组织系统。由此看来，读者结构实际上是把一定范围内一定数量的读者个体分门别类地划分和组合成若干个读者群之后，再把各读者群有机地结合在一起。因此，它是一个人为的组织系统。

## 三、读者类型

读者类型是图书馆读者结构中的基本构成因素。图书馆多种多样的读者群，形成了各种不同类型的读者，不同类型的读者具有各自不同的特征。这些特征反映了读者的社会经历与社会生活地位，体现了读者特定的文献需求和阅读行为。为了更深入地研究读者，掌握读者阅读需求规律，更好地满足各类读者需求，就要将结构复杂的读者队伍按照某种标准进行区分和组织。由于读者阅读需求和阅读能力千差万别，其社会职业、文化程度各不相同，因此应采用不同的划分标准来区分读者类型。

## （一）划分读者类型的主要依据

读者类型是图书馆读者队伍的基本构成因素。我们在确定划分读者类型的标准时，必须遵循如下几项原则：

首先，要选取对读者及其心理的变化最为密切的因素作为划分的依据。例如，在同一所大学里划分读者类型，应按照读者进校的年限来区分，因为不同年级的读者在阅读兴趣和阅读范围上有着很大的差别，他们所表现出来的心理承受力也不一样。

其次，划分读者类型的标准不宜过繁，因为读者是处在特定社会环境中的人，具有一定的复杂性，如果我们采用过多的标准来区分读者，必然会给自身的工作带来许多不利。因此，在确定划分依据时，应力求突出重点，足以说明问题即可。

再次，划分读者的依据要便于判断。否则将影响读者分析的准确性，而且降低区分读者类型的作用。

一般来说，划分与组合读者类型的主要依据之一是读者的各种结构特征。许多读者类型就是依据读者自身的职业结构、年龄结构与文化知识结构划分组合而来的。如根据读者的职业结构，可以把读者划分为工人读者、农民读者、教师读者、军人读者等；根据读者的知识结构，可以把读者划分为一般读者、专业读者等；按照读者的年龄结构，可以分为儿童读者、少年读者、青年读者、中年读者、老年读者等；根据读者的性别结构，可以分为男性读者和女性读者；根据读者的民族结构可以分为汉族读者、少数民族读者等。总之，划分读者类型，应以读者自身结构特征能反映不同类型读者群的共性特点为基准。

划分与组合读者类型，不仅要根据读者的各种结构特征，还要根据读者在图书馆的活动方式进行区分。读者在图书馆的活动方式主要是指读者在图书馆的借阅权限和组织形式，这些也是划分与组合读者类型的主要依据之一。按照读者在图书馆的借阅权限，可以划分为正式读者和临时读者。正式读者享有经常、固定地使用某一特定的图书馆资源的权限。临时读者是指在图书馆没有办理借阅证件或建立借阅关系，只是偶尔利用图书馆资源的读者。正式读者和临时读者对图书馆资源享有不同的使用权限。按照读者在图书馆的组织形式，可以分为个人读者、集体读者、单位读者三种类型。其中，个人读者是图书馆的主要读者群，包括不同成分的个人读者类型；集体读者是以小组为单位利用图书馆资源的读者类型，小组内的读者个体具有共同的读者需要和阅读方式；单位读者是以固定机构为单位利用图书馆资源的读者，包括建立了馆际互借关系的图书馆和图书馆的分支机构等。

划分读者类型主要有两种依据，即根据读者自身的结构特征和读者在图书馆的活动方式进行区分。通常是先将读者按其在图书馆的活动方式进行区分，再根据读者的结构特征进行深入的区分，组合成若干具体的读者类型，各类型读者在利用图书馆资源上体现出了各自的基本特点。

### （二）各类型读者的基本特征

#### 1. 个人读者类型

个人读者是图书馆读者队伍的主要读者类型，是以个人为单位独立利用图书馆资源的社会成员。它通常是根据读者的结构特征将其划分为多种不同特点的个人读者。

（1）少年儿童读者。少年儿童读者也称为中小学生读者，是指6~15岁年龄段的少年儿童。由于他们处在半独立、半依赖、半成熟、半幼稚时期，受外界影响较大，行为上具有较大的可塑性。因此，图书馆员要帮助少年儿童养成良好的学习习惯，启发他们获取广泛的知识，帮助他们打好基础，增强智力，使其朝着有理想、有道德、有文化、守纪律的方向健康成长，这是国家和社会关注的重大问题。这一时期的少年儿童，在阅读活动中表现出共同的特点有，如爱读书又爱活动，求知欲强而学习时间短，阅读内容广泛而又通俗浅显，有初步理解能力而以形象思维为主。随着年龄的增长，读者在阅读活动中的自觉性、选择性和理解能力逐渐增强。对于少年儿童读者，图书馆应根据他们的各种特点提供思想性、趣味性、知识性、通俗性较强的文献信息和丰富多彩的文献服务，以启迪少年儿童读者的智力和想象力，树立起正确的人生观和奋斗目标，培养读者爱科学、学科学的优良品质。图书馆作为社会的教育机构，在配合学校教育，开展课外阅读活动，用社会主义、共产主义思想占领阅读阵地，丰富和扩大少年儿童的科学文化知识等方面，责任重大。

（2）大学生读者。大学生读者既是青年读者的一部分，又是学生读者的一部分，具有双重特征。作为青年读者，大学生在生理机制、心理机制上已经基本完善成熟，世界观已经形成。在大学学习过程中，他们智力发展优良，生活独立性增强，思想活跃，抽象思维能力和观察认识能力显著提高，具有强烈的自我意识。作为学生读者，在学习内容、学习方法和学习能力等方面与中学生有很大区别。由于大学生接触的知识领域广泛而深入，与即将从事的职业工作相联系，因此大学生读者的阅读活动通常会受到所学专业和未来职业工作的需要制约。为了成为合格的专门人才，成为德、智、体全面发展的大学毕业生，他们在大学生活阶段，系统学习了政治理论、专业理论，以及综合性的科学文化知识，使自己具有较高的文化素质、合理的知识结构，由知识型向智能型、创造型、通用型方面发展。

作为图书馆读者队伍主要力量的大学生读者，在阅读活动中有着明显的特点。第一，图书馆作为第二课堂，对大学生读者来说具有重要的地位和作用。他们除了在教室接受系统的知识之外，更多的将时间运用到利用图书馆丰富的资源之中，他们在书海中吸取知识的养料，在网络上驰骋信息的疆场。随着学习阶段的深入，其阅读的自觉性、选择性和专指性日益增强，阅读方法技能日益提高，对文献的利用程度也逐渐加深。第二，大学生读者阅读内容广泛。大学生读者除了结合教学内容和专业性质进行系统阅读之外，还根据个人兴趣的发展，广泛涉猎大量的课外书籍，以提高自身的文化素养和工作能力、研究能力。因此，他们除了阅读专业文献外，还大量阅读各学科门类的文献，尤其是文学、哲学、历史、经济、艺术、法律、文化生活等方面的文献。第三，大学生读者对文献内容有着明确的要求，阅读层次和水平较高。大学生读者对文献的内容质量、内容范围以及文献的外观设计等方面都有着较高的要求，对那些内容有深度、有特色，反映最新学术成就和有独到见解的文献，大学生读者情有独钟，爱不释手；反映新学科、边缘学科、交差学科和科学方法论的文献，深受大学生读者的欢迎。第四，注重对外来文化的吸收。大学生读者普遍注重外语学习，对外国学术著作、文学作品、国际知识，以及外国文化方面的文献十分感兴趣，是外文读物的积极阅读者。图书馆要针对大学生读者的各种阅读特点，提供必要的教学参考文献和大量精良的课外读物，为大学生读者创造良好的阅读环境和条件，吸引读者积极利用图书馆，并通过各种宣传、辅导、教育方式提高读者的阅读兴趣和阅读技能，使图书馆真正成为大学生智力开发和人才培养的第二课堂。

（3）科技读者。科技读者通常是指各行业、各阶层、各学科的科技工作者（包括科学研究人员、工程技术人员、医生、作家、文艺工作者等）。按专业技术职称，可以分为高级科技人员、中级科技人员和初级科技人员。科技读者是图书馆读者队伍中的主要读者类型和重点服务对象。由于科技读者是一个特殊的脑力劳动者阶层，他们分布广泛，分散在国民经济各部门、科学文化各系统，社会科学、自然科学、技术科学各个领域，从事着各种各样的工作。因此，不同系统、不同领域的科技读者对文献需求各不相同，分别需要特定的文献类型和内容范围，来解决各自具体的研究课题和任务。在阅读活动中，科技工作者对文献内容和图书馆服务具有较高的要求，对文献内容的广度、深度和难度都远远超过了一般读者的水平，对文献的时效性也要求较高，通常需要最新的文献内容。在对图书馆资源的利用上，不仅需要原始文献的利用，更注重对二次文献和三次文献的查找和利用，更多地需要综合性的服务。因此，图书馆为科技读者服务，不能停留在以提供整本书刊为主的一次文献服务水平上，应加强二次文献、三次文献的揭示与报道，开展咨询参考、文献检索等多种形式的主动服务，将图书馆的服务活动直接与科技读者的科研课题和任务结合起来，开展文献调研与服务，提倡参与式服务。为科技读者服务，其实质就是为科学研究服务，为生产技术服务，为经济建设服务。科技读者的文献需要，直接反映了社会主义现代化建设的当务之急和发展方向。因此，各类图书馆都要把科技读者作为重点服务对象，为科技读者提供各种利用图书馆资源的方便条件。

（4）教师读者。教师读者是指在各级各类学校从事教学工作的社会成员（包括普通高等学校、各类成人高等教育学校、中等专科学校、中小学教师等）。教师读者是各级各类学校图书馆的重点服务对象，也是各级公共图书馆的服务对象之一。教师是人类灵魂的工程师，肩负着在教育战线上培养人才的重任，他们不但教育学生掌握科学知识，而且自身也要不断学习、不断充实和更新知识。因此，教师在个人广泛收集必备的教学用书的基础上，也要充分利用图书馆丰富的文献资源，他们是图书馆的积极利用者。由于各级各类学校的教学目的和教学任务不同，因而教师读者在利用图书馆资源的方式上存在着很大的差别。如中小学教师从事的基础教育，肩负着为中等专业技术学校和高等学院输送人才，为社会各种职业工作培养后备力量的重任。由于他们担负着繁重的教学任务，因此，在利用图书馆的方式上表现以借阅有关教学参考资料、基础理论读物和思想文化修养方面的文献为主。而大学教师担负着教学与科研双重任务，对图书馆的利用比中小学教师读者要广泛、深入和经常。在阅读过程中，有着明确的阅读目的和集中的阅读范围，通常以专业文献和相关的二次文献为主。但是，不同专业、不同年龄层次和承担不同教学、科研任务的教师读者，在文献需求的内容与范围上各不相同，文献利用的深度与广度各不相同，图书馆资源的利用方式也各不相同。图书馆应深入调查和掌握教师读者的阅读需求特点，积极主动地、有针对性地满足教师读者的需求，为他们提供不同层次的文献服务。

（5）公务员读者。公务员读者是指从事管理和决策工作的各级各类、各行各业党政领导、组织管理人员以及广大的国家机关工作人员。由于各级党政公务员从事各种领导工作、组织管理工作和实际业务工作，他们需要考虑各种现实的或潜在的因素，作为制定政策、制订规划或实施管理时的参考。因此，公务员读者对文献的需求除了提高自身的科学文化知识以外，更需要战略性的综合动态信息，以及专业领域内的事实性资料。在图书馆服务上，我们应针对公务员读者的文献需求特点，开展针对性较强的服务工作，以提供全面系统的、综合性的，既聚焦十分强烈又具有全局观点的文献信息，以满足公务员读者的特殊需求。

（6）工人读者。工人读者是图书馆读者队伍中的主要读者类型，他们人数众多，成分复杂，层次多样，广泛分布在厂矿企业、商业财贸、交通运输、建筑、邮电、服务行业及其他第三产业部门，是各级公共图书馆和工会图书馆的主要服务对象。在工人读者队伍中，青年工人读者群是图书馆的积极利用者，是图书馆一般读者队伍的重点服务对象。青年工人广泛接触社会，思想活跃，容易受到各种社会思潮的影响，因此在阅读活动中，对文献的需求上表现出追求社会时尚的倾向，对于反映社会某一现状、问题或某一热点的文献形成流行性的阅读现象。工人读者由于文化水平不高，故而在对文献内容的选择上多为文艺作品和普及性的读物。同时，他们还结合各自的工作和自己的兴趣,选择一些业务技术书刊和思想修养文献进行阅读以提高自己的技能和修养。在图书馆利用方式上,工人读者由于工作时间的限制,只能在业余时间利用图书馆资源。由于文化考核、专业技术职称的评定,社会对劳动者的智能和知识越来越高的要求,使工人读者越来越注重阅读文化补习和业务技术方面的文献,自学成才已成为工人读者群的努力方向和奋斗目标。因此,图书馆在为工人读者提供服务的过程中,应充分重视工读者的各种文献需求和服务需求,加强阅读指导工作,向工人读者宣传好书,推荐好书,真正成为工人读者的良师益友。

(7)农民读者。农民占中国人口的绝大多数,是图书馆最大的潜在读者。在我国新一代的农民中,大多受到过初、高中教育。随着改革开放的不断深入,农村商品经济的发展,农民的职业成分发生了很大的变化,文化事业的发展,使农民读者的信息意识普遍增强,学科学、讲科学、用科学的社会风气日益高涨,人们的精神需求日益强烈。因而农民读者在文献需求上,表现出娱乐性、通俗性、知识性、普及性的特点。他们需要广泛阅读通俗易懂的农业科学技术文献,用来寻求发家致富之路;同时,农民读者偏爱阅读具有浓郁生活气息、通俗易懂的文艺作品,以此来丰富农村文化生活。图书馆要根据农民读者的需求特点,做好相应的读者服务工作。如举办农业技术培训班,送书下乡,送技术下乡,使更多的农民读者意识到科技文献的重要性,使他们尽快转化为图书馆的现实读者。

(8)军人读者。现役军人,是连队图书馆的主要服务对象,也是各级公共图书馆的大众读者类型之一。军人读者在文献需求上通常是以政治理论、军事技术、科学文化知识为主要内容。在图书馆的利用上是以外借、阅览形式为主。随着军地两用人才的培训,军人读者的阅读需要将向着广阔的科学技术领域方向发展,体现出理论性、技术性、可操作性、实用性等特点。

(9)居民读者。居民读者是街道图书馆和各基层公共图书馆的服务对象,其中包括从事个体、集体劳动的就业职工,退休、离休的老年居民,以及各种闲散人员。随着我国经济体制改革的深入,为数众多的下岗职工将补充进入居民读者群中,成为基层图书馆的主要读者类型。由于广大的下岗职工在离岗之前具有一定的文化知识和岗位技能,因此在文献需求上,除了阅读文学作品以丰富精神文化生活之外,更需要阅读各种反映科学技术和科学文化知识的文献,以提高和改变自己的知识结构,寻求再就业的发展道路。对于下岗职工的文献需求,图书馆应给予充分的重视和关注,通过多种努力最大限度地满足这一部分读者的文献需求。

(10)残疾读者。残疾读者是个人读者类型中的特殊读者群。他们虽然在生理上有一定缺陷,失去部分生理功能,难以从事正常的阅读活动;但在智力上,残疾读者(脑残疾除外)并无缺陷,具有与健康人同样的阅读需求和阅读能力。如我国"当代保尔"张海迪身残志不残,以顽强的毅力学习科学文化知识,学习外语,并翻译了大量外国文学作品，成为生活的强者。残疾读者在现实生活中，特别需要社会的帮助，需要图书馆的服务。各级图书馆应主动为残疾读者送书上门，普及和提高他们的科学文化知识，使他们能为社会做出贡献。个人读者类型的不同读者群是相对图书馆整体队伍而言的。各图书馆的个人读者类型，应根据图书馆的具体情况而定。

### 2. 集体读者

集体读者是指以一定的组织形式（如读书小组、写作小组等）利用图书馆资源的读者。集体读者最突出一个特点、就是具有共同的需要和阅读方式。他们或在同一个具体单位，或从事同一种职业，或为同一工种、同一年级，或进行同一个项目的研究，在一定期限内，集体借阅一定范围的文献。各类型图书馆都有不同形式的集体读者，如公共图书馆的读者小组、借书小组、自学小组等，高等学校图书馆的学生小组、教材编写小组等，科研单位图书馆的科学研究小组等。

### 3. 单位读者类型

单位读者是指以固定机构为单位利用图书馆资源的读者。单位读者通常包括三种类型：

（1）图书馆固定服务的单位。如由各类型图书馆直接提供文献服务的生产单位、科研单位、教学单位及其他组织机构等。

（2）图书馆的分支机构。如公共图书馆的馆外流通站、图书馆的连锁分馆、高等学校的院系资料室、科研机构图书馆的分支部门等。

（3）建立了馆际互借关系的图书馆。单位读者作为图书馆的团体用户，实际上是一个文献信息传递的中转机构。它的基本职能就是充当文献传递的"二传手"。一方面根据本单位读者的需求，向图书馆直接借阅或调阅文献；另一方面又直接传递给读者使用。它是以单位的名义借阅图书的组织。

### 4. 临时读者类型

临时读者是指偶尔到图书馆进行借阅活动的编外读者。凡无本馆借阅证件，或无正式关系而临时利用图书馆资源的读者，均属于临时读者。临时读者包括任何个人读者、集体读者和单位读者在内。一般来说，任何社会成员都可以利用图书馆资源，都可以成为任何图书馆的临时读者。一个读者只能是一个图书馆的正式读者，但可以成为许多图书馆的临时读者。各类型图书馆都要尽可能向社会开放，吸引更多的临时读者。

# 第三节　图书馆读者心理

读者心理研究是应用心理学的一般原理、知识和方法，对图书馆读者心理活动（包括读者的心理现象、心理过程和心理机制）进行分析和研究，研究读者心理活动的产生与发展规律，为掌握读者需求动向，最大限度地满足读者的文献需求提供理论依据。我们研究读者心理的目的是了解读者心理活动过程，体会读者阅读需要、阅读动机、阅读兴趣、阅读能力等心理因素对读者阅读活动的影响。

## 一、读者心理研究的内容与意义

### （一）读者心理的含义

心理现象通常也被称为心理活动，是除了客观物质现象外，存在于主体（人）自身的主观精神现象，如人的感觉、思维、情绪、意志等，都简称心理。人的心理，是世界上最复杂、最微妙的现象。心理现象不同于物理现象，本身没有形状、大小、气味、重量等可直接感知的具体形态，因而不容易被人们所了解，但是它又并非神秘莫测、虚无缥缈、不可捉摸。因为人的各种心理活动是在特定的社会环境下，在人们的客观实践活动中产生出来的，同时又会对实践活动产生反作用。因此，通过人类的社会实践活动可以分析人的各种心理现象，掌握心理活动的发展规律。

什么是读者心理？读者心理的内涵十分复杂，它包含了读者在图书馆活动中的阅读心理和检索心理。读者的阅读心理是指读者在阅读活动过程中表现出来的心理现象，它包括了阅读的认识活动和阅读的意向活动。阅读的认识活动是读者对文献载体上的文字、信息或符号感知的过程，包括感觉、知觉、表象、思维等一系列生理和心理的活动过程。读者经过这些过程吸收并理解文献中所包含的知识和信息。阅读的意向活动带有较多的个人心理色彩，它是受读者的先天特性和社会环境的影响而形成的读者个人的阅读需要、阅读动机、阅读兴趣、阅读能力等。阅读的意向活动是推动读者阅读的一种内部动力，它直接影响着读者的阅读倾向和阅读效果。读者的检索心理是指读者在文献检索过程中表现出来的心理现象和心理特征。它包括了读者的研究内容及水平深度，读者文献检索的共同心理特征，如求新、求准、求全、求快心理，以及特殊心理特征，读者的检索能力以及对图书馆工作评价的心理表现等。读者心理的形成和发展是读者内部意识和外部环境现象相互作用的结果，是读者主观因素和各种客观因素相互作用的综合反映。掌握了读者心理的形成和发展，认识和观察读者行为就具有了充分的理论依据，了解读者的种种表现，就能及时把握和预测读者需求及行为的动向，为读者提供针对性服务打好基础。

读者心理，从主体而论，可以分为图书馆读者心理、社会读者心理。各种知识的交流和传递，都需要在全面了解读者心理，掌握读者心理特征的基础上进行。图书馆读者虽然与社会读者在对象上有交叉，但是因环境、活动方式不同，读者的心理活动有着较明显的差异。我们所说的读者心理，是指读者在图书馆这一特定环境下，通过对图书馆资源的利用活动而表现出的各种心理现象、心理特征及心理发展规律。

### （二）读者心理研究的内容与目的

读者心理研究是心理学与图书馆读者服务工作相互交叉渗透、结合而成的一个相对独立的领域。一般来说，读者心理研究的主要对象是那些利用图书馆资源中的各种类型、各种成分读者群，研究他们在利用图书馆这个特定环境中所表现的心理特征和心理现象，揭示读者行为的内在原因及其规律。它是以心理学的原理与方法为基础，以图书馆资源的利用活动为范畴，以图书馆读者为特定的研究对象，以阅读和检索心理的一般规律为主要研究内容，并将读者心理活动与读者服务工作结合起来，形成一个比较系统的体系。

专门的研究对象，决定了读者心理研究的内容。

#### 1. 研究读者在图书馆活动中的认知心理现象

认知心理是读者对文献的载体形式、文字符号及信息内容的感知、记忆、思维等一系列心理活动过程。它是读者接受信息，理解并吸取文献内容的重要心理基础。对读者文献认知心理的研究，就是揭示读者查找文献、使用文献的内在心理机制。

#### 2. 研究读者阅读时的心理意向活动

读者的心理意向活动是指读者由自身带有的鲜明的个性倾向所形成的阅读需要、阅读动机、阅读兴趣、阅读能力等。读者的心理意向活动对阅读的认知过程起着调节和支配的作用。它能使读者的阅读活动更具有目的性、方向性和主观能动性，是读者阅读认知过程的必要心理条件。对读者阅读的心理意向活动进行研究，主要是为了掌握读者在阅读活动中的各种心理特征。

#### 3. 研究读者心理与读者服务工作之间的关系

读者阅读心理的形成，必然会受到社会发展的影响，而读者心理与读者服务工作之间，客观地存在着相互影响、相互作用、相互制约的辩证关系。读者服务工作只有掌握了读者心理特征，适应了读者心理的需要后，才能体现出工作的针对性与有效性，不然就可能表现出盲目性，影响工作的准确性。因此，通过对读者心理的研究，揭示读者服务工作与利用图书馆资源之间的相互影响、相互作用的辩证关系，提高图书馆读者服务工作的质量，使图书馆成为社会主义物质文明与精神文明建设的前沿阵地。

读者心理的研究工作，应以特定的时间、空间和社会历史背景为条件，才会对我们的工作起到指导作用。

我们对读者心理的研究，其意义是它有助于了解图书馆读者心理的形成和规律，以及读者从事阅读的心理机制。其目的是充分掌握读者在图书馆活动中的心理变化，以便采取有效措施更好地满足读者需求，提高优质服务的速度和效率，使图书馆读者服务系统达到最佳的运行状态。它体现在：

一是研究读者心理，是为了指导读者服务工作的实践，发展和完善读者服务理论体系。读者服务工作具有很强的学术性，对读者的心理分析以及对各类读者需求的调查研究，都是科学性活动。对读者心理的研究成果不但满足了读者的心理需求，而且丰富了读者服务的理论体系，促进了读者服务工作的开展，成为体现图书馆教育功能和信息传递职能的保证。

二是研究读者心理，是为了建立科学的读者服务体系，变被动服务为主动服务。读者心理与读者服务之间存在着相互影响、相互作用的辩证关系，读者与图书馆员之间互为主客体。我们研究读者在阅读活动过程中的心理现象和心理特征，以及读者心理的形成，对于提高读者服务工作质量是十分重要的。我们从心理学的角度来认识读者、了解读者、研究读者心理需求的特点以及阅读活动的规律，就能主动为读者提供服务，克服读者服务工作中的被动性。

三是研究读者心理，是为了图书馆员自身的建设，改善和促进与读者的关系。读者到图书馆是为了选择文献、接受信息，其间与图书馆员的交流，实质体现了人与人之间的相互关系。在读者与图书馆员的交往中，图书馆员占有主导地位。这对图书馆员的综合素质提出了很高的要求，图书馆员不但要掌握过硬的技术和本领，掌握牢固的专业知识和广博的学科知识，而且还要热爱自己的本职工作，热爱读者，全心全意为读者服务。通过对读者心理的分析和研究，改善与读者的关系，解答读者提出的各种问题，帮助读者检索文献，最大限度地满足读者的阅读需求，为读者提供全面优质的服务。

全面系统地研究读者心理，深入具体地掌握读者阅读与检索心理特征，是现代图书馆读者服务工作实践和读者研究必不可少的重要内容。

## 二、读者心理活动过程

我们所说的心理活动过程是指读者在阅读时产生的心理活动。读者的阅读活动，是以各种各样的心理活动为基础的。依据心理学的原理，人的心理活动过程包括了认识过程、情感过程和意志过程。它们之间有一定的区别，同时又相互依赖和相互促进。

### （一）读者心理的认识过程

阅读是人类获取知识的一种重要活动和手段。读者阅读心理活动首先是从对文献的认识过程开始的。这一过程是对读者认识文献的个别属性加以联系和综合反映的过程。阅读的认识过程就是信息的加工过程，是对所接受的文献信息进行输入、检测、存贮、加工、输出和反馈的过程。在这个过程中，它要求人调整在阅读时的感知、注意、记忆、思维（抽象思维和形象思维）等心理活动因素，使之处于高度积极的紧张状态，完成对信息的认识。

#### 1. 读者的感觉

感觉是人的大脑对客观事物的个别属性所做出的直接反映。它是认识世界的感性阶段，是我们追求知识的最初源泉，也是人类心理活动的基础，是人的意识形成和发展的基本条件。感觉的生理基础是客观事物直接刺激于人的感觉器官的神经末梢，引起传导神经的冲动，再传递给大脑皮层的中枢神经，于是感觉便产生了。各感觉器官都分工执行不同的反映任务。

人类产生感觉，必须具备两个条件：一是要有客观事物对人体感觉器官进行足够强度的刺激；二是主体的觉察和接受外界刺激的能力。读者对文献信息的感觉，同样也应具备这两个条件，但由于各种原因，读者之间对文献信息的感受性差别很大。例如，文献相同，读者不同，就有可能产生不同的反映，这是因为读者特定的文献需求、特定的心理素质、特定的环境和特定的职业因素所导致的结果。因此，读者的感觉是主观因素和客观因素相互作用的结果。就一般情况来看，读者对自己喜欢、符合需要的文献易于产生感觉。读者的感觉是阅读活动的开始。有了感觉，读者就会主动去了解文献的形式和内容，就会积极地进行认识活动。因此，读者的感觉对心理活动的认识过程有着极为重要的作用。

#### 2. 读者的知觉

知觉是人的大脑对于直接作用于感觉器官的客观事物做出的整体反映。如果说感觉是对客观事物进行具体的、特殊的直观反映的话，那么知觉就是将各种具体的、特殊的感觉材料进行理解综合，并加以解释，然后组合成具有一定意义的对象。因此，知觉是在感觉的基础上形成的，是多种感觉相互联系和综合活动的结果。感觉是知觉的基础，知觉是感觉的继续。

读者对文献信息的知觉，通常要受到主观条件和客观因素的影响和制约。读者的知识和经验直接影响着知觉过程。例如，当读者接触到某一专业领域的文献时，就会很自然地将自己原有的知识和习惯的感知方式联系起来，把感觉到的信息归到某一类知识体系中去理解。心理学认为，知觉是现实刺激和已存贮的知识经验的相互作用的结果，是确定人们接受刺激的意义过程。

在知觉过程中，读者的知觉通常体现出以下四个特点：

（1）知觉的选择性。知觉的选择性具体地表现在读者只挑选对自己有意义的文献作为知觉的对象。原因主要是：其一，读者在获取信息时，由于时间和精力的限制不可能把外部环境所有的信息一个不落地全部输入大脑，所以在输入刺激的信息时不得不进行选择。其二，读者知觉的根本所在是因为有特定的需要、兴趣和爱好，人们总是选择对自己有意义和有价值的客观事物进行整体认识。因此，读者的知觉过程具有明显的选择性。

（2）知觉的理解性。读者总是用自己拥有的知识和经验去认识文献，以求对文献内容进行理解。因为理解就是意识到事物的意义，是知觉的前提。知觉的理解性是通过人在知觉过程中的积极思维活动来实现的。任何知觉过程都是在以往的知识和经验的基础上达到理解，在理解的基础上实现知觉。文献记录了千百年来的人类知识，是人类知识的结晶，因此，对文献的知觉，尤其需要借助已有的知识和经验，来确认文献的范围和用途，理解文献的内容与意义。

（3）知觉的整体性。知觉的整体性是指读者把具体的文献作为一个统一的整体来进行知觉。知觉的对象是一个复合刺激物，由多个部分组成，各个部分又具有不同的特征。读者在对文献进行知觉时，并不是把这些部分割裂开来，孤立地认识，而是将其作为一个整体来知觉。例如，文献具有本质属性和非本质属性，读者对文献的非本质属性容易产生反映，如对文献的作者、书名、载体形式等外部特征能迅速地感知，进一步判断是一种怎样的文献即达到对文献本质属性的认识。文献中的各种属性对形成读者知觉的整体性有着十分重要的作用，尤其是文献中各种属性之间的相互关系，在一定程度上决定了知觉整体性的效果。如文献的关键词、主题词等，能让读者形成对文献的整体印象，掌握其内容特征。读者对文献的整体印象都是在理解的基础上建立的，知觉的理解性往往决定知觉的整体性。

（4）知觉的恒常性。知觉的恒常性是指知觉的条件在一定的范围内发生改变时，读者的知觉依然保持相对不变。具体表现为当文献的载体形式、形状及外部特征发生变化时，读者仍然要从文献的内容上去了解它的本质特征。因此，知觉恒常性的意义就在于它可以使读者适应外部环境的变化，从实际需要出发，充分吸收和合理利用文献的内容。读者的知觉是在阅读活动的实践中产生、完善和精确的心理活动，对读者阅读的活动起到进一步深化的作用。它是感觉和思维之间的一个重要环节，是对感觉材料进行加工，为思维活动提供准备条件的过程。

### 3. 读者的注意

注意是指心理活动对一定对象的指向和集中。它不是一种独立的心理活动，而是各种心理过程共有的特性。注意贯穿在整个心理活动过程中。读者的注意对于文献的选择和吸收有着重要意义。例如，读者对某一文献的"注意"，就会使他排除干扰，有选择地、集中地利用文献内容。正是由于注意的作用，读者才能使感觉向知觉转化，进而使知觉分析向信息加工和贮存转化，并在此基础上进行深层次的思维活动。

注意可分为无意注意和有意注意两类。无意注意是指一种没有自觉目的的，不需要任何努力的注意。有意注意是指自觉的，需要一定意志作出努力的注意，它服从于一定的工作和学习任务。

注意是一种有选择性的行为，表现出读者心理活动的倾向性。通常有以下几种情况容易引起读者的注意：①能够满足读者某种需要的文献；②与读者某种特殊感情有关的文献；③符合读者阅读兴趣的文献；④与读者的知识经验有联系的文献；⑤读者处于良好的精神状态。

由此可见，能够真正引起读者注意的事物，大都与读者的主观状态有着密切的某种联系。因此，注意是决定读者整个认识过程的关键因素。为了有助于读者认识活动的发生和进行，图书馆应当采取各种方式和手段，引起读者注意，增强注意的效果。

4.读者的思维

思维是人脑对客观事物间接地和概括的反映。它是在社会实践的基础上进行的。思维的工具是语言，人们借助语言把丰富的感性材料加以分析和综合，由此及彼，由表及里，去粗取精，去伪存真，揭示出事物的本质和规律。

读者的思维是指读者对文献内容特征进行间接的和概括的反映。它是读者对文献的心理认知过程。通过思维，读者能够发现和掌握文献内容的共同特征、本质属性以及文献所揭示的事物之间的内在联系和规律。思维活动的基本特点在于它是通过读者已有的知识经验或其他事物为媒介，来概括地反映文献的内容本质，以及间接地理解和把握那些没有感知过的或不可能感知的事物。其意义则在于通过思维活动来认识客观事物或现象，获得精神上的体验和满足，并学习和积累知识经验，从而达到解决现实问题的目的。

读者对文献内容的思维过程是一个复杂的心理过程，是对文献进行分析和综合的过程，是了解并掌握文献之间的内在联系和规律的过程。其目的和结果，是依靠人的思维能力，发现问题，把握问题，然后解决问题，并从中获得精神上的满足。

## （二）读者心理的情感过程

阅读情感是读者在阅读文献时产生的心理体验。当阅读的文献符合读者需求时，读者就会采取积极的肯定的态度，产生热爱、满足、愉快等内心体验。阅读情感是读者心理活动的一种特殊反映形式，贯穿于阅读心理活动当中，它能激发读者阅读的热情，对读者阅读行为有积极的意义。读者心理的情感过程是通过认知活动的"折射"而产生的。它通常受到以下因素的影响和制约：

第一，读者生理素质和心理素质的影响。读者的阅读情感受读者自身的生理和心理素质等主观因素的影响，表现出深刻、强烈的倾向性心理特征。如不同生理特点、不同心理倾向的读者，其心理状态就不同，因而导致了各自不同的情感状态。有的具有喜悦、愉快、积极的情绪色彩，而有的则怀有忧愁、悲观和消极等情绪。因此，保持健康而热烈的阅读情感，对读者的阅读效果十分重要。

第二，文献外部特征和内容特征的影响。情绪和情感是人们认识客观事物所产生的一种态度的体验。它是一种心理活动的体现，并伴随着人们的认识过程而发展和变化。读者在阅读文献的过程中，一定会引起情感上的变化。只有当文献的外部特征和内部特征符合自己的需要时，才会产生阅读的冲动，体现出积极而且热烈的阅读情感；反之就会产生抵触、消极的阅读情感。另外，不能忽视的是社会环境的影响。不同的社会条件、社会历史环境以及读者的生活工作环境，都决定了读者对文献的需求状态，影响和制约着读者阅读情感的发生与发展。

### （三）读者心理的意志过程

意志是主动地确定目标，支配自己的行动，克服困难并实现预定目标的心理过程。是人类改造客观世界和主观世界，发展自身能力不可缺少的心理因素。

读者的心理意志过程是指读者在图书馆活动中表现出来的有明确目的、自觉主动地行动，努力克服各种困难，最终实现利用文献目的的心理活动过程。

当读者具有一个清晰的阅读目标，这个目标激起了强烈的阅读欲望、动机、兴趣，这些心理因素又调动起读者的视觉、思维、行动的一切内在潜力，从而进入到集中全力阅读及思索的过程中，而忘却其他与阅读无关的事情。这就是在意志的主导下产生的有明确目的和较强自觉性的行为，体现了读者心理活动的自觉能动性。

意志过程与读者的认知过程、情感过程存在着密切的联系。首先，读者的意志活动是建立在对文献信息的感知、注意、记忆、想象、思维等心理过程的基础之上。只有当读者充分认识到文献的价值时，才有可能选择各种方式、方法和途径，利用文献内容，实现意志所指向的阅读目的。同时，读者的意志又反过来促进认知活动的深入和拓展，促进阅读活动更加具有目的性和意向性。其次，读者的阅读情感影响着读者的意志过程，而意志过程反过来又对读者的心理状态和外部动作产生调节作用。

总而言之，读者心理活动的认识过程、情感过程和意志过程是读者阅读心理过程中统一的、密切联系着的三个方面。一方面，意志过程依赖于认识过程，但又促进认识过程的发展和变化；另一方面，情感过程影响着意志过程，而意志过程又能调节情感过程的发展和变化。三者相互渗透和联系，共同作用于读者的阅读活动之中。

## 三、读者阅读心理特征

阅读是人们在社会生活中的一种目的性行为。阅读的整个过程体现为个人的精神活动，它既是一个生理过程，同时又是一个心理过程。研究阅读心理，就是从读者心理的角度，具体研究阅读活动是怎样进行的，读者为何要阅读、阅读什么、如何阅读等。

## （一）读者阅读心理类型

### 1. 产生阅读心理活动的因素

读者心理活动的产生受多方面因素的影响和制约，但基本上是受到外部环境和自身需要这两方面因素的影响和制约。

一方面，读者所处的外部环境是其产生心理活动的基本条件，它可以影响、制约和作用于读者心理活动，并产生变化和发展。读者所处的时代和生活环境包括各种自然因素、社会因素，以及整个社会共同的道德规范和审美标准等。作为社会成员的读者，他必须学习和掌握必要的文化知识，具备一定的工作能力。社会在不断地进步，社会对读者的文化素质的要求，也在不断提高。所以，读者就必然要去阅读，获取知识，提高文化素养。当具备了较高的知识能力和工作能力时，才能在社会生活的某一领域找到自己的立足点，才能为社会做出贡献。读者的阅读心理活动明显受到社会生产发展和分配性质的制约，这是读者面临的客观现实。

另一方面，自身需要是产生读者心理活动的内在因素，是读者心理活动发展的直接动力。我们看到，来图书馆的每一位读者所反映出的阅读态度和阅读愿望，都与其个人的心理活动以及个人的社会实践活动有着直接联系。读者为了实现自己的愿望、理想、追求，其基本方法和途径有着很大的相似性，那就是去学习、去探索，不断扩充知识、积累知识和掌握知识。这些目标，是激励读者进行阅读活动的强大动力。另外，每一位读者都会对自己的水平、能力和特长等方面有一个估计和评价，也会认识到自己的某些不足和长处。为了使心目中的自我形象向着完美标准的方向发展，就必然要去拓展知识充实自己。

总而言之，读者在外部环境的触发和自身需求的推动下，其阅读意识和行为就会主动地、自觉地产生，这是激发读者参与阅读活动的重要因素。

### 2. 阅读心理的类型

读者在阅读活动中表现出来的阅读心理是多种多样的，以读者的阅读目的为标准，读者心理可分为如下三种类型：

（1）求知心理型。求知心理类型的读者，以青少年读者和普通读者为主体，是各类型图书馆中最基本的读者。其中，又可分为直接的或主动的求知心理和间接的或被动的求知心理。直接主动的求知心理是由学习需求和学习过程的发展所引起的具有主动性特点的阅读行为，它表现为读者强烈的求知欲望和积极性。而后者则是由学习的结果所导致的阅读行为，这种阅读行为的被动性较强。

求知心理类型的读者由于正处在学习知识的阶段，必然有一个循序渐进的过程。

所以，在知识的扩大和深化上，都是有计划、有步骤、分阶段地进行。因此，图书馆可根据其特点有针对性地提供合适的文献资料，使读者的求知心理得到满足。

（2）欣赏心理型。读者在学习、工作和研究之余，希望调剂一下自己的精神生活，进行轻松愉快的阅读。由于阅读书籍、报刊既是文化娱乐活动，又是一种积极的休息，还能获得知识、受到教育和启发，所以得到了人们普遍重视和热爱。从欣赏的角度、层次和情趣来看，因人而异，各有特点。这种欣赏心理类型的读者，对文献内容的需求上具有知识性、趣味性和广泛性等特点。如有的读者喜欢哲学著作，也喜欢历史著作，还喜欢文艺作品等，有的只喜欢天文学领域的著作，可见，有些欣赏与读者自己的职业有关，有的则与职业无关。

（3）研究心理型。从事科学研究活动的广大科技人员是研究心理类型读者的主体。他们具有专业理论知识，有一定的学术水平和研究能力，担负着具体的科研任务，有强烈的责任感和紧迫感。他们的探究欲望极强，是图书馆科技文献的主要利用者，阅读也是集中在与自己专业有关的文献上。图书馆应尽最大努力，为这些读者搜集、整理并迅速提供所需的文献资料，让他们掌握所研究课题的最新信息，跟踪科技发展的前沿动态，早出成果。

在读者各种各样的阅读心理类型中，求知心理型和欣赏心理型，是具有读者阅读活动的普遍性和读者服务的共性特征的。而研究心理型在读者阅读活动中，是较为有针对性和带有个性的心理类型，它是在读者服务中值得重点研究和重点服务的对象。衡量一个图书馆的藏书质量，工作人员的素质水平，工作效率和服务的优劣，重点就是要看对这些读者服务的满足程度。我们研究读者的阅读心理类型，是为了进行读者的基本服务和重点服务做准备，也是读者服务工作的一个基本内容。

## （二）读者阅读动机

读者的阅读动机，是引发、维持其阅读行为并将之导向一定目标的心理过程，是激励读者去阅读的主观原因，是读者的内部愿望的表现。从心理学的角度来看，人的行为规律是需要决定动机、动机支配行为、行为指向目标。阅读动机的出现，以阅读需要作为基础，它是阅读动机的直接动力。人的需要有物质方面的需要和精神方面的需要。我们讨论读者的阅读动机，就是要从人的基本需要及由此衍生出的阅读需要出发，分析研究读者在阅读过程中的表现，了解掌握读者的阅读动机和各自的心理活动，灵活运用不同的工作方式，为读者提供高质量的服务。

按照阅读动机所追求的目标来看，主要是为了满足读者提高科学文化水平；解决生产、科研、工作、学习、生活中的问题；丰富精神生活这三个方面的需要。

### 1.学习动机

读者出于学知识，打基础，提高文化水平和业务能力的动机，来图书馆进行借阅。

例如，大中小学生为配合教科书的学习，阅读一些参考书、课外辅导读物；大批青年为了升学考试、文化考核、业务技术职称的晋升等而系统学习基础知识和专业理论；为了扩大知识面而广泛浏览阅读各类文献；为了提高业务水平而深入学习专业知识等。此类阅读动机对图书内容的选择具体而明确。图书馆应大力支持和满足他们的学习欲望，帮助他们利用图书馆，完善他们的知识结构。

### 2. 解疑动机

读者生活在现实社会中，肩负着各种社会责任，他的收入、地位、荣誉等都与他的工作业绩紧密相连，这会促使读者不断地努力。因此，当读者在科研项目、生产实践、社会交往及工作生活中遇到某种疑难问题时，就需要到图书馆寻求具体的文献、信息和技术、方法，来解决遇到的实际问题。他们有明确的目的和方向，表现出急切的需求愿望。面对此种类型的读者，我们应当重点服务，针对他们的特点及时提供急需的文献资料，在最短的时间里，为读者建立一个满意的、解决问题的途径。

### 3. 娱乐动机

现代社会竞争激烈，生活节奏不断加快，各个领域的工作者都承受着极大的压力，为了缓解身心疲劳，人们对精神文化生活的需求显得十分迫切。各种娱乐活动可谓内容广泛，形式多样。而阅读是最经济、最高尚、最受广大群众欢迎的一种放松方式。持有娱乐动机的读者在对文献内容的选择上，最大的特点就是广泛性，在自己的兴趣所及，各类图书都会读一读。图书馆应积极主动地为读者提供健康、有吸引力的书籍，帮助读者选好书、读好书，使他们既放松身心又开卷有益。

### （三）读者阅读兴趣

阅读兴趣是指读者对文献信息所表现出来的积极探究的认识倾向，是一种具有稳定性和趋向性的心理表现。它能够反映读者的阅读倾向，对读者选择文献信息起到引导作用，是读者阅读效率的主要动力。随着人的体力、智力的成长和成熟，随着人的活动范围的扩大，社会实践的增多，可能形成各种各样的阅读兴趣。而读者的阅读兴趣也是非常复杂的，其表现也有所不同，因此在阅读行为上会产生很大差别。有的读者具有广泛的阅读兴趣，有的则比较狭窄。广泛的阅读兴趣可以使读者获得更多、更广的知识面，用以适应现代科学技术综合发展的需要。而狭窄的阅读兴趣，能使读者集中于特定类型或学科的文献阅读，对某一方面的知识达到精深的程度。在阅读过程中，最佳状态是将广泛的阅读兴趣与专门的阅读兴趣结合起来，使读者的智力结构得到协调发展。有的读者虽然具有广泛的阅读兴趣，但经常变化，不能持久地发展下去，表现出分散和多变的特点。而有些读者则表现出浓厚的阅读兴趣，始终朝着自己的目标前进，这类读者在阅读文献的过程中具有集中和稳定的特点。

研究读者的阅读兴趣是图书馆读者服务工作的一项重要内容。读者到图书馆来查阅文献，虽然各自的要求和目的并不一致，但都有一个愿望，就是希望查到自己需要的文献，找到自己感兴趣的图书，并在这方面能得到图书馆的帮助和指导。读者之间的阅读水平、能力和兴趣是有差别的，图书馆必须根据读者的具体情况，采用不同的服务方法，分别给予帮助，让读者找到最适合自己的图书文献，在阅读的过程中，取得事半功倍的效果。图书馆要深入了解读者阅读兴趣的种种心理过程，帮助他们认识阅读兴趣对阅读行为产生的影响，树立正确的理想和目标，培养读者自觉阅读、主动学习的能力，根据自己的兴趣进行有效的阅读，扩展广泛、稳定的阅读兴趣，促进人们的思维活动，提高其从事创造性活动的水平。

### （四）读者阅读能力

文献作为一种信息资源，其价值取决于读者对文献内容的要求和掌握，以及运用这些信息或知识改善自己的知识结构，提高认识世界和解决实际问题的能力。在图书馆的读者群中，表现出来的阅读能力是不同的。我们通过对阅读能力的研究，掌握他们的阅读特点和心理活动的规律，采取主动的对策，提供有效的服务。

读者的阅读能力是指其在阅读活动中对文献资料充分利用的能力，它体现在选择文献、阅读技巧、理解文献内容、消化并运用知识这四个方面。

#### 1. 选择文献的能力

在文献信息量非常丰富的环境中，阅读必须具有高度的选择性，它包括了解自己所需要的文献范围和重点，掌握文献的检索途径与方法，能够鉴别文献内容，然后精选出最有价值、最适合自己所需要的文献资料。

#### 2. 掌握阅读方法的能力

学会使用各种阅读的方法，灵活有效地运用相关阅读技巧，是体现读者阅读能力的重要方面，是读者进行阅读活动并取得效果的保证。衡量阅读技能有两个主要指标：一是阅读速度，二是阅读成效。

#### 3. 理解文献内容的能力

阅读文献的基本要求，就是要读明白文献内容，能完整准确地把握文献的重要意义，深入地领会文献的实质。理解能力的基础来自读者自身知识储备的广度和深度，基础知识越扎实，理解能力越强，阅读效果越好。

#### 4. 消化和运用知识的能力

阅读文献的最终目标，就是充分吸收文献所载的知识，并把这些变为个人知识体系的有效组成部分，然后灵活地加以运用。读者具备了这种能力，才会收到学以致用的效果，才会不断扩大自己的知识领域。

以上四个方面，既相互区别又密切联系，统一在阅读活动的过程中。显而易见，读者阅读能力的高低取决于读者的文化程度。文化程度高的读者因知识面较宽，相应的阅读能力越高；反之亦然。

不同阅读能力的读者，在阅读行为上有较大的差别。无论是对文献的内容、鉴赏水平和选择行为上都能体现出这种差别。比如，同样内容的文献，有些读者评价甚高，而有的读者却反应平平。这就说明读者对图书内容评价的能力上存在着差异。在文献的选择上，有的读者可以自己从信息网络上查找所需要的文献和信息；有的可以利用图书馆的各种目录，选择和利用文献；有的则需要在工作人员的推荐和帮助下开展阅读。对于不同阅读能力的读者，我们要掌握他们的阅读特点，采取有选择的服务方式，针对不同情况，提供相应的服务。

# 第四节　图书馆读者需求

图书馆是社会发展需要的产物，这种社会需要的具体表现就是读者需求，图书馆就是以读者为对象的存在物。没有读者的需求就不可能有图书馆的生存和发展。我们研究读者需求，有利于图书馆工作人员业务水平和自身能力的提高，有利于完善和发展图书馆的各项职能，促进图书馆事业的发展。

## 一、读者需求的概念和意义

### （一）读者需求的概念

读者需求是指读者对使用图书文献的寻求过程。它以读者的阅读目的为出发点，以其适用文献的取得为结果。此过程体现了读者与文献之间的关系，属于阅读行为的前期活动。取得适用图书文献的过程就是满足读者需求的过程。

从广义上讲，读者需求是图书馆读者对图书馆资源的需求。图书馆资源包括：一是精神资源，即记载人类精神生活结晶的书刊文献资源和以简洁文字著录这些书刊内容的目录资源。二是物质资源，即图书馆的建筑设施、设备等。三是人力资源，即图书馆的工作人员。很明显，读者不仅需要图书馆为他们提供精神食粮，也需要图书馆提供优雅、安静的阅读环境和先进的服务设备，同时，还要求图书馆工作人员的热情周到的服务。这三方面是相互联系的。

从狭义上讲，读者需求就是对书刊文献资源的需求。所以，读者需求其实就是读者通过阅读活动，从文献中获取知识和信息，并由此产生对文献的研究和利用。读者需求总是以自身的某一种具体需要为起点，并体现在阅读内容、阅读行为和阅读效果之中。其表现是阅读内容依照需要进行选择，阅读行为按照需要加以控制和调节，阅读效果针对需要做出评价，阅读活动满足需要继而更加深化。读者需求不仅是个人的某种需求，也是社会需求的表现。因此，不断变化、复杂多样的特点贯穿于读者需求的始终。图书馆工作应对此给予极大的关注和满足。

## （二）读者需求的意义

### 1. 读者需求是图书馆赖以生存和发展的基础

不难想象，一个不满足读者需求，也就是没有读者的图书馆，还有何存在价值？随着社会、政治、经济、文化的发展，人们需要一个传播科学文化知识、保存人类精神财富、传递信息情报的文化机构，用来适应各方面的发展。这便是我们所说的社会需求。这种需求具体体现为读者的需求，它随着读者需求的不断增加而更新变化。因此，作为满足这种需求的图书馆来说，其内部机构、服务方式等都要进行相应变革。读者需求与满足这一需求的图书馆资源和服务工作相互矛盾的运动，便推动了图书馆的向前发展。随着科学技术的飞速发展，图书文献的大量增长，社会的发展需求又赋予了图书馆参与情报传递的社会职能。而现代化的电子计算机、缩微技术、视听技术的应用则是更好地满足这一需求而在服务方式上的变革。在信息时代，读者需求又出现新的变化，使传统手工式服务的图书馆逐渐向现代化网络图书馆、虚拟图书馆转变。

### 2. 最大限度地满足读者需求是图书馆工作的核心

图书馆的内部机构设置、藏书的最佳布局、藏书体系的形成、读者服务方式的确立等都是围绕读者需求这一目的展开的。例如，图书馆的文献服务、情报服务、技术服务等，其存在的目的就是满足读者对书刊文献的借阅需求、情报信息需求和特种技术需求。

### 3. 研究读者需求，摸清读者需求规律是有效地针对服务、区分服务的前提

掌握各类读者需求的特点就能最大限度地避免工作中的盲目性，有针对性地采取相应服务方式，提高服务效率，达到良好的服务效果。但同时，一个图书馆的有限服务又很难满足读者的所有需求，这是图书馆矛盾的普遍性。但区分各类读者需求的主次，分清哪些应该重点服务、哪些应该急需服务、哪些应该一般服务，是化解矛盾的一个重要途径。比如图书馆的采购部门可根据不同读者需求和本馆任务，适时有效地选择采购文献，建立最佳的藏书体系；服务部门针对读者需求，可采取灵活有效的服务方式；领导部门可根据图书馆读者需求的结构层次，针对性地制定出工作部署和工作计划等。

### 4. 对读者需求的满足程度是衡量图书馆工作效率的重要指标

图书馆对读者需求的满足程度如何，不仅说明图书馆的服务工作是否有效，也说明图书馆的藏书结构是否与读者需求相符合。因为有效的服务要以合理的藏书结构为

基础。它既涉及图书馆各服务部门的服务流程，也与图书馆领导部门的决策有关。一般情况下全面衡量图书馆的工作效果，对读者需求的满足程度进行的定量分析主要是通过拒借率的统计。在分析时还要与读者需求状况即藏书流通率、读者到馆率、图书周转率等结合起来研究，找出症结所在，更好地提高服务效果。

## 二、读者阅读需求的类型

读者在阅读活动中表现出来的兴趣和需求是多种多样的。从不同的角度和标准出发，会看到各不相同的读者需求类型。各种类型的图书馆要根据各自的性质、规模和任务，认真分析读者需求的类型和特点，更好地为读者提供服务。读者阅读需求大体可以总结为如下几种类型：

### （一）社会型读者需求

社会型读者需求，简单来说就是大家都在阅读类型相近的书刊文献。它明显地展示出时代特征和发展潮流的需要，此类读者需求不是个别的现象和主观因素造成的，而是社会需求和客观发展的趋势所迫。例如，当国家政策转变、社会转型的初期、某一新技术的普及应用等时期，许多不同职业、不同文化程度、不同兴趣爱好的读者群，会不约而同地阅读有关的书刊文献，这些文献就成为社会上的阅读热点。这说明读者的阅读需求从一个方面反映了社会政治、经济和文化状况，具有时代发展的特点。社会的政治、经济、文化诸因素会给读者阅读需求不断施加影响，甚至在阅读文献的版本、内容，需求的强弱程度以及趋势等方面都会起着巨大的作用。这种社会型的读者需求呈现出的突出特点，就是读者在一个阶段对文献需求的数量较大，读者阅读的时间相对集中，使某些文献数量暂时紧张，成为众多读者的阅读中心。随着时间的推移，社会潮流的变化，社会型读者需求也会随之发生转变，有的会从短暂的阅读需求变为持久的阅读需求，有的会发生转移，形成新的阅读需求。面对这种社会型读者需求，图书馆工作者要用敏锐的观察和科学的态度认真对待，要经常关心国内外发生的大事和社会发展的趋势，同时要分析这种读者需求的性质、规模、强度以及时间的长短，掌握读者需求的发展方向，使读者的长久需要与现实需求充分地结合在一起。与此同时，应做好图书馆藏书的调配工作，加强图书的宣传，促进图书的流通，满足大量的社会型读者的阅读需求。

### （二）专业型读者需求

专业型读者需求是指从事学习、工作、研究等专业活动的读者所提出的文献需求。这种阅读需求经常与读者自身的业务工作、专业学习和研究活动紧密联系。研究活动的开展确定了专业需求的范围、内容和要点。一旦满足了专业读者的需求，则使得读者在专业知识技能和解决具体问题的能力上有所提高，又会推动专业实践活动的进一步深入发展。由于专业型读者的需求与其从事的专业实践在内容、目的、范围、时间上有一致性，体现出明显的职业特征，这种需求是为了解决专业型读者面临的实际工作任务和难点，其需求的特点是专业性、资料性、咨询性。他们的阅读目的明确，干哪种工作，就阅读哪类文献，以求提高自己的专业知识和专业技能。因此，在阅读活动中，各种行业、职业、工种的读者，按照自身的业务要求，其阅读需求和阅读倾向比较固定，对文献内容的要求具有针对性。相同行业、职业、工种的读者，其专业阅读需求的指向差别不大，但由于年龄、文化、知识结构和素质的不同，会在文献利用的侧重点以及深度与广度上存在差异。一般来说，从事较为复杂的专业工作的读者具有对阅读需求的专业性，需求的范围比较广、专业性强、水平较高、持久稳定。研究专业型读者需求的共性和个性特点，更有利于做好为读者服务的针对性工作。

### （三）研究型读者需求

研究型读者需求是指为了解决某一研究课题，完成所担负的具体研究任务而产生的阅读需求。具有研究型需求的读者往往是围绕研究内容组织和开展的阅读活动，以便了解课题的研究动向，掌握课题的研究水平。因此，这种读者需求所涉及的阅读范围具有长期的指向性和专业性，体现出较强任务规定性的特点。读者在研究课题的几个阶段中，根据不同的进展情况，提出了对文献内容的范围和要求。任何承担了科研课题的读者，受研究任务的制约都会表现出积极的研究型阅读需求。如在科研项目选题阶段，读者通过查阅文献，了解某一领域哪些研究课题具有现实意义且有待深入发掘；在调研阶段，通过普查文献，了解本课题的研究成果及动向，从中筛选可供参考的资料、数据、事例和方法，以启迪思路，开阔眼界、形成新的认识等。研究型读者需求还具有较强的自发性特点。总之，研究型读者需求是将阅读活动与创造性活动紧密结合的阅读需求。在有着较高文化素质和研究能力的知识分子读者群中，这种阅读需求比较普遍。研究型读者需求对文献有着一定的要求，其特点是具有全面系统、准确具体、新颖及时和针对性强等。但由于这些读者在能力上存在差别，导致读者在文献利用上有所不同。因此，对于研究型读者的需求，图书馆工作人员要采取不同的方式，不懈地搜集、加工、整理和提供有关文献，为读者提供重点服务，不断满足这类读者的研究需要。

### （四）业余型读者需求

有许多读者在工作、学习之余，从个人的兴趣和爱好出发，自发地产生一种阅读需求，这种需求称为业余型读者需求。业余型需求与读者的工作和学习一般没有直接的联系，它受自己个性心理因素的影响比较明显，反映了个人的爱好倾向及心理特征。与其他类型的读者需求相比，业余型读者需求是最为常见的读者需求，几乎所有读者都有这种阅读需求。如在人们遇到衣食住行方面的问题时，当人们想养生防病、锻炼保健、旅游、购物、化妆美容、适应社会、增长知识等时，都表现出这种需求。尽管这些是个人兴趣的表现，但受读者文化程度及素质品质的制约，以及社会、家庭、职业等多种因素的影响，业余型读者需求也会存在很大的不同，有些阅读需求成为了读者个人发展方向的重要指导。因此，图书馆要善于发现和引导读者健康的业余需求，培养读者对科学技术、文学艺术的浓厚兴趣，使读者的阅读活动得以健康、有效地实现。

通过对上述各种类型读者需求的分析，我们可以找出他们之间的共性和个性的特征。社会型读者需求和业余型读者需求，具有较广泛的社会性和读者服务的共性特征。而专业型和研究型读者需求，则具有读者需求的个性特征，这也是我们在读者服务中的工作重点。衡量一个图书馆的工作、文献收藏质量、工作人员素质水平、工作效率和服务能力的高低，关键就在于它对重点课题、重点项目、重点读者需求的满足程度、服务速度和服务效果的层次好坏。我们研究和掌握了读者需求的主要特征，可以对读者进行充分服务和区分服务。

## 三、各个系统图书馆读者需求的特点

### （一）高校图书馆读者需求的特点

我国图书馆根据所属的部门分为三大系统：高校系统图书馆、公共系统图书馆、科研院所与专业机构系统图书馆。各个系统图书馆，其读者需求都有各自的特点。而高等学校图书馆的主要服务对象是学生读者和教师读者。这两类读者具有各自不同的特点，对图书馆的需求也有明显的差别。

1. 大学生读者需求的特点

大学生读者是高校图书馆中最为主要的读者群体，分析他们的需求特点，满足他们的阅读需求，是高校图书馆工作人员的重要任务。大学生读者对文献需求有如下三个特点：

（1）对教学用书的需求有稳定性、集中性和阶段性的特点。由于专业的设置和教学计划的安排以及课程开设、教学内容体系等限定了教学用书的基本范畴，使得教学用书在大学生读者当中具有相当的稳定性。教学用书的集中性表现为使用的种类和复本集中、读者数量集中和利用时间集中。在大学教学过程的各个阶段，教学用书呈现出周期性循环往复的使用状态，有较强的阶段性规律特征。

（2）阅读活动与所学专业和将来的职业工作相联系。大学生读者的阅读兴趣、阅读目的等在很大程度上都会受到未来工作需要的指导和影响。因此，他们比较倾向于专业文献的阅读，以及与专业相关的一些学科文献的阅读，渴望获得更多的专业知识。

（3）大学生读者的阅读需求高于其他读者。大学生读者的思维敏捷，兴趣广泛，而且容易接受新鲜事物。在结合教学内容阅读文献之外，大学生读者还会根据个人爱好，阅读许多的课外读物，涉及面非常广泛，不仅仅是专业书籍、教材和教学参考书，还会有选择地阅读文学艺术、哲学法律、体育文化等方面的书籍。无论是社会环境还是个人主观愿望，都在激励大学生读者多学知识、多读书，从中寻找他们需要的内容，以充实他们的生活，提高自己的文化素质、学习能力、研究能力。因此，他们的阅读热情、态度、目的都表现出强烈的求知欲望。针对大学生读者的阅读需求特点，图书馆应科学地安排教学用书的借阅工作，充分利用图书馆馆藏的文献资源，为大学生读者提供满意的服务。

### 2. 教师读者需求的特点

高等学校图书馆中的教师读者是重点服务对象，这是由于他们在高校所承担的任务决定的。教师读者从年龄结构上，可以区分为老年、中年、青年教师三个层次。他们在利用图书馆的过程当中，表现出的文献需求特点也有不同。

（1）老年教师多年从事高校的教学和科研工作，他们有丰富的经验，是学校里教学科研的主导力量。他们主要负责著书立说，带研究生，培养高级人才的任务；同时，也承担了一些重要科研项目。老年教师经过多年积累，个人的专业藏书比较丰富，他们对图书馆文献资料的利用，主要是查找一些最新研究的相关状态、外文资料及历史文献等。对于这些老年教师所需的文献资料，图书馆的工作人员有义务协助查找，使他们将宝贵的时间用于科学研究和对人才的培养上。

（2）中年教师年富力强，处于教学和科研的第一线，是高校当中教学科研的骨干力量。他们有着扎实的专业知识，有着丰富的教学经验和较高的学术水平。面对繁重的教学科研任务、学术活动，以及自身需要的知识更新与提高学习的压力，往往需要查阅大量的文献资料。他们在文献的选择上，通常是利用图书馆的目录和各种检索工具来查找文献，并习惯于自己查找，但也希望图书馆工作人员可以帮助查找。其对文献资料的内容范围主要集中在与本学科和专业有关的书刊文献。他们还希望工作人员提供更高层次的二次文献和三次文献，以便了解国内外的学术动态。

（3）青年教师思想活跃、精力充沛，是高等学校教学和科研工作的新生力量。他们走上教学岗位不久，大多数担任教学辅导工作，同时也在不断积累和提高自己的基础知识、专业素质、教学经验的能力。他们学习勤奋，工作热情高，对利用图书馆有很高的积极性。具有来图书馆的次数频繁且时间上较多，涉及文献的内容广泛且借阅量大等特点，图书馆工作人员应针对青年教师的阅读需求特点，以多种形式的服务，满足他们的需求。

### （二）公共图书馆读者需求的特点

公共图书馆是指文化系统的公共图书馆。包括国家图书馆，省、市、自治区图书馆，区（市）、县图书馆及文化馆图书室，儿童图书馆，乡镇街道图书室，等等。它担负着为科学研究服务和为大众服务两大任务。在促进国家的发展的同时，也在提高全民族科学文化水平方面发挥着重要的作用。与其他各类型图书馆相比较，公共图书馆服务范围很广泛，接待的读者都是全社会各个阶层的普通读者。这些读者大体上可以划分为欣赏型读者、学习型读者和研究型读者，他们在文献需求上有各自的特点。

#### 1. 欣赏型读者

欣赏型读者是公共图书馆读者中人数最多的读者类型，由于他们的职业、年龄、文化程度等存在着差别，兴趣爱好各不相同，他们的阅读特点包罗万象。具体到每一位读者的阅读需求是什么取决于读者个人的兴趣爱好和需要。例如，有些读者是因为对一部文学作品感兴趣，到图书馆来借阅该书或相关书籍，以便加深理解；有些读者是为了解决日常生活中的实际问题来图书馆借阅书刊，以求学以致用；还有一些读者是想在紧张的工作学习之余，放松一下，来图书馆随意翻看一些轻松愉快的书刊，以达到休息的目的等。其中，中外文学书籍的借阅量很大，占总流通量的半数以上。这是因为文艺作品本身具有的吸引力所致。文艺作品反映了广阔的社会生活方面和人们丰富的精神世界，受众面较为广泛。读者从文艺作品中能学习到广泛的社会知识，了解人生的道路历程，从中受到启发、教育、感染，获得艺术和美的享受，甚至是心灵的震撼。优秀的文艺作品能使人们奋发向上，它对读者潜移默化的作用是很强烈的。图书馆应引导读者阅读健康、优秀的文艺作品。

公共图书馆的读者主要是利用业余时间和公休假日，来图书馆借阅图书、阅览报刊。由于受到利用图书馆的时间限制，许多读者以外借形式为主，在馆内阅览为辅助的形式。

图书馆对于这一类型的读者可以通过做好咨询辅导、目录指南、流通服务、阅读指导等活动，使欣赏型读者受到良好服务。

#### 2. 学习型读者

学习型读者在公共图书馆读者中占有一定的比例，包括接受成人教育等自学考试的学生和社会上有学习要求的青年，以及一些企事业单位的在职人员等。他们的阅读需求是以提高科学文化知识水平、业务技能、增强自己的人生本领为目的，如专业学习、文化考核、技术革新等。他们的阅读目的明确，有一定的学习计划，是有步骤、按阶段进行的。

学习型读者会根据自己的学习计划，借阅必要的教科书以及参考书籍等，因此公共图书馆是他们主要的学习场所。他们需要的书刊资料具有专业性、系统性强，并按进修自学阶段依次递进的特点。还有许多工矿企业普遍实行科学管理，对职工进行文化、技术的培训，提高了企业的竞争能力。这使得像数理化基础参考书和一些应用技术图书的需求量会大增。

由于学习型读者正处在知识学习的阶段，在知识的扩大和深化上必然会有一个循序渐进的过程，所以，图书馆在提供读者所需的图书资料时，既不能操之过急，提供一些过于专业、内容较深、超出他们学习能力的图书资料，使他们难于理解和掌握，又不能提供那些落在他们知识水平后面的图书资料，使他们的学习无所进展。图书馆要根据读者的阅读能力提供最适合他们的图书资料。

另外，这种类型的读者利用图书资料的目的，并不十分复杂。尤其是接受成人教育的学生以及接受技术培训的人员，所需的书刊资料都与自己所学的专业有着密切的关系。

### 3. 研究型读者

研究型读者约占公共图书馆读者人数的 1/5，虽然人数不多，但却是很重要的服务对象。他们大多是厂矿企事业单位中的研究人员和工程技术人员。这些读者往往为了十分明确、具体的目的，来到图书馆，查阅一些专业性很强的文献资料，以便完成科研生产课题的需要。对于这些研究型读者的文献需求，图书馆应及时提供系统完整的有关文献资料，以便满足读者的要求。

研究型读者通常都比较注重文献的检索活动，这是因为研究型读者都具有一定的文献选择和获取能力，而且有时间亲自查找文献。选择和获取文献的过程，本身就是科学研究活动的重要组成部分。在文献利用的时间上，研究型读者具有较强的连续性，这与他们的工作性质有关，也是因为他们的工作时间和业余时间很难分开。如有文献需求，他们会到馆里查阅、检索很长时间。

研究型读者对于自己所研究的项目有着浓厚的兴趣，对探索和发现有着强烈的欲望及热情。图书馆在为他们提供基本的借阅服务的同时，还要开展定题服务、查新服务、文献调研服务、科技文献通报服务等高层次的服务，所以，图书馆应提前做好科学研究的文献资料准备工作。

### （三）科研与专业图书馆的读者需求的特点

科研与专业图书馆主要是指科研院所与专业机构图书馆，包括科学院及其分院图书馆，政府部门、各部所属研究机构的专业图书馆，机关团体图书馆（室）等。它们的服务对象大多是科研人员与工程技术人员。这类图书馆的读者比较固定，文化水平高，专业能力强，这些读者的文献需求首选在专业图书馆里查阅。

### 1. 科研人员文献的选择特点

（1）文献需求全面性。科学研究工作既是个人的创造性劳动，同时又要继承、借鉴前人的科学研究成果。因此，科研人员一定会去了解这个领域内的发展状况以及国内外的研究趋势，这样就需要掌握大量信息、文献资料，以便充分做好科学创造的前期工作，可以全面正确地认识和反映客观事物，以确立自己的研究方向，促进科学研究工作的顺利展开。

（2）文献需求具有系统性。科学研究项目确定以后，就文献需求的内容来讲，既需要与研究课题有密切关系的专业文献资料，也需要借鉴相关学科的文献。这是由学科专业的细化、边缘学科的不断出现，各学科之间交叉渗透，向综合化发展的趋势所决定的。就文献需求的文种来讲，中文文献、外文文献都会涉及，其中外文文献利用的文种较多的是英文、俄文、日文等。在文献类型上，利用最多的是中外文期刊，其次为中外文图书，专利文献、会议论文等也占一定的比例。在文献的时限上，需要利用最新、最近的文献，同时要求内容新、时间短、使用价值高的文献。对于一些以前的具有参考价值的文献，也会进行系统地查阅。以求全面系统地分析问题，促进科学研究课题的顺利进行。

（3）文献需求具有阶段性。根据研究课题的进展，利用文献资料呈现明显的阶段性。一般可以分为选题阶段、调研阶段、总结或撰写论文或进行具体设计的阶段以及评审阶段等。各个阶段对文献资料的利用都有不同的要求。比如，在选题阶段，通过查阅文献，了解某一领域内已有的研究课题，并了解哪些课题有现实意义而尚待深入，哪些课题已有了成果而避免重复；在调研阶段，当课题选定之后，可以通过对文献资料全面普遍的了解，从而掌握本课题的现有研究成果与动向，并筛选出可供参考的数据、资料、事例和方法，以启迪思路，扩大视野，形成新的知识；在总结或撰写论文或进行具体设计的阶段，要对已筛选出的资料去粗取精、去伪存真，对资料有一个浓缩过程；在评审阶段，需要对研究成果从资料角度进行验证，旁征博引来鉴定和审查研究成果，分析、对比、评价其学术价值和现实价值等。

### 2. 工程技术人员文献需求的特点

工程技术人员对文献需求的特点主要表现为需求文献资料具有新颖性、专业性、可靠性、适用性、系统性、及时性和针对性等特点，他们经常查阅许多学科和技术领域的文献资料，这是由于工程技术人员在创造具体产品时，需要全面掌握产品设计、制造、原材料、能源、环境和法律等方面的知识所决定的。他们会需要有关新产品、新技术、新工艺、新理论、新发明、新方法、新思想等方面的文献资料。例如，专利发明、产品样本、技术标准等是他们十分感兴趣的信息源。他们往往需要图书馆与之配合，提供定期的信息服务，希望提供的文献资料快速及时、适用具体。这是因为在新产品的研制过程中，要考虑竞争的因素和市场的因素。产品的发明创新完成的越是提前，就越是有可能获得更多的效益。

# 四、读者需求趋势及评价

自我国实行改革开放政策以来，人们的物质生活水平有了较大提高，文化生活日益丰富。读者对文献信息的需求极为强烈，主动性的阅读活动有增强的趋势。因此，在当前网络环境的新形势下，读者的阅读需求出现了一些新的变化，应当引起图书馆的重视。

## （一）读者需求的变化趋势

随着我国经济的快速发展，社会生活的各个方面也在发生着巨大的变化，图书馆的读者需求也会产生相应的改变。不仅读者的数量迅速增加、读者的信息意识逐渐增强，而且读者需求也向获取信息量的方向逐渐变化。在改革开放的大环境下，随着社会经济的不断发展，有许多潜在的读者转化成为图书馆的现实读者。使得各级图书馆读者人数增加，信息需求量增长，需求的范围更趋广泛。

读者需求由传统的二、三次文献信息需求，向前沿信息与研究进程中的信息需求相结合的方向发展，以实现由低层次读者需求向高层次读者需求发展。

读者需求是以学科信息需求为主，并且逐步转向技术经济信息需求。由于价值观念的转变，人们普遍认识到信息是潜在生产力。读者对技术经济信息的研究、开发与应用，技术的引进、吸收与创新，市场预测与推广前景的需求量呈上升趋势。

读者需求的多学科、多样化要求日益明显。自实行对外开放政策以来，我国与世界各国的交往日益频繁，大量的信息互相交流，使得读者的眼光投向各种观点、各种题材、各种风格及各种流派的著作。读者需求的范围之大、兴趣之广泛超过以往许多倍。

读者对文献信息获取的手段由以手工为主向自动化网络化为主的方向转化。需求的全面性、系统性不断地提高。国内产、学、研各个系统之间的需求迅猛加强。随着科学技术的不断发展，国际全方位的文献需求增加，表现出跨时空的信息需求。

对非文献型信息及零次信息的需求呈发展趋势，在技术引进的过程中，软件引进受到重视。

总之，读者的阅读需求是会随着社会生产的发展和生活条件的变化，而不断得到满足与变化，它们不是固定的、静止的，读者最初的阅读需求得到满足后，又会产生新的更高的需求，这是一种客观发展的趋势。

## （二）读者需求的评价

图书馆的读者需求是读者选择文献的前提与动力，但它视个体的差异而发生变化。因此，要全面并正确地认识读者需求的特点及其规律，就有必要对读者的不同阅读需求进行具体的调查和分析，做出较为合理的需求评价，这也是读者服务工作的基本内容之一。评价读者需求应考虑如下七个方面：

### 1. 读者的自身特征

读者的职务、职称、学历、工作性质、信息意识及年龄、性别等多方面因素往往会产生不同的文献需求，决定着读者需求的主要特点。在评价读者需求时应当作为优先考虑的一个条件。

### 2. 读者需求文献的主题内容

读者所需文献是属于哪一专业或哪一学科，还是属于某一特定内容会涉及读者查找文献的方法，选择哪种检索途径，确定哪些类目或主题词作检索的关键所在。

### 3. 读者需求的文献信息类型

了解读者需求的是数据信息、事实信息还是文献信息。如果是文献信息，还要进一步了解是图书还是期刊，是一次文献、二次文献还是三次文献等。这样，图书馆工作人员可根据各类文献的使用方法提供更加优良的服务。

### 4. 读者需求文献的数量总和以及读者浏览和阅读文献的总量

这是衡量读者消化吸收信息能力的主要依据。

### 5. 读者要求提供信息的完整性、准确性

图书馆对读者提出的文献需求应给予满足，包括对读者所需信息的出版年代，以及对提供信息的时间期限和及时性的要求。

### 6. 读者获取信息的方法和习惯

了解和掌握读者是通过正式渠道还是非正式渠道获取信息，读者获取信息时习惯采用哪种方法，是评价读者需求很重要的方面。

### 7. 读者需求的阶段性

读者对文献资料的需求是有阶段性的，比如大专学生、科研人员等在学习、科研设计的不同阶段，需求文献信息的内容与程度是不同的，掌握好读者的这些需求特点，才能真正做好为读者服务的工作。

我们对读者的需求做出评价，并不是去强调读者需求的一致性，而是要找出读者需求之间的差别，进行充分服务和区分服务。

# 第五章　图书馆读者服务工作研究

图书馆业务工作体系，一般可以分为藏书工作体系和对读者服务工作体系两个方面。藏书工作体系主要包括文献收集、整理和收藏、保管等方面的基础性工作；读者服务工作体系主要包括了文献流通、参考咨询、文献检索、信息服务和宣传导读；读者组织、读者研究等方面的研究性、服务性工作。从图书馆工作的全局看，藏书工作和读者服务工作都是相互联系、互为条件、彼此促进、相辅相成的关系。随着图书馆事业的不断发展、文献载体的多样化及图书馆的数字化，图书馆的全部工作已开始转向以读者工作为重心、全面围绕读者的合理需求组织图书馆工作的发展阶段。

图书馆的读者服务工作是指图书馆利用其文献信息及其他条件，通过组织研究藏书、研究读者和研究服务，帮助读者利用馆藏文献并从中获得知识、掌握信息，以实现图书馆工作社会价值的一种专业工作活动。图书馆读者服务工作的宗旨和中心为用户提供最好的服务，而为读者服务的最基本原则是：服务方式快速、有效；服务态度友好、专业；服务内容可靠、持续；所有的服务要求都要给予响应；服务面向所有人。图书馆读者服务工作是指图书馆工作的外在表现形式，是图书馆社会价值和最终目标的体现，也是图书馆最具活力的工作。从图书馆工作的出发点和归宿分析，图书馆读者服务工作的所有活动都是围绕读者进行的，都是为读者服务的。

现代图书馆是一个为社会大众提供文献信息服务的公益性机构，广大读者是图书馆的生存基础。长期以来，图书馆在社会公众心目中的形象总是高高在上，只有知识分子才会利用图书馆，普通民众与图书馆之间的距离显得十分遥远。图书馆也往往自认为是一个文化机构，而忽视了图书馆同时也是一个服务机构，肩负着为最广大的人民群众提供基础服务的任务。图书馆事业要发展，就必须牢固地树立起服务是灵魂，服务是核心，服务是基础，服务是一切工作的出发点的价值观和理念，并依据这一价值观和理念来调整完善并创新我们的管理体制和服务方式。

## 第一节　读者服务工作的内容与方法

图书馆是一座知识宝殿，它收藏着古今中外多种学科、多种语言、多种载体的文献。为了使读者更好地了解图书馆的服务工作体系和内容，特做如下介绍。

## 一、文献借阅服务

借阅服务是图书馆的主要服务内容，是图书馆工作的前哨，借阅服务质量的高低直接反映了图书馆的工作水平。

### （一）外借服务

外借服务是指图书馆将部分文献让读者借出馆外，以满足他们馆外阅读的一种服务方式。读者要根据自己的需要挑选文献，借到的文献应妥善保管并充分利用，在规定的期限内归还，而后还可以借阅另外一些书刊。外借服务是图书馆的一项基本服务内容，也是图书馆最经常、最大量的服务工作，它是读者利用图书馆中各种文献的主要渠道，也是文献传播的主要窗口。

### （二）文献阅览服务

阅览服务是图书馆的一项重要的服务内容，是图书馆工作前哨之一，是读者利用书刊资料进行学习和科学研究的重要形式。大力开展阅览服务，可以提高馆藏文献的利用率；同时在阅览室中，读者还可以得到工作人员的辅导或其他形式的帮助。同其他服务相比，阅览室具有服务读者的如下特定功能。

#### 1. 环境良好

阅览室有适宜读者学习、研究的良好条件：宽敞的空间、舒适的桌椅、精良的设置、明亮的光线、整洁的环境、安静的气氛。因此，在众多供选择的学习场所中，阅览室最受读者欢迎。

#### 2. 文献丰富

阅览室配备有种类齐全、内容丰富新颖、使用价值较高的各种书刊资料，包括不外借的文献资料，如期刊、报纸、工具书、二次文献、特种文献等，这些文献都优先提供给阅览室，供读者阅读参考。

#### 3. 方便使用

读者可以直接利用阅览室内大量的书刊文献，按专业、课题需要，自由选择特定的知识信息阅读参考。读者除了利用书刊外，还可利用馆内的特殊设备，如计算机设备、显微设备、视听设备、复制设备等，阅读电子期刊、缩微文献，及复制所需的知识信息。因此，无论对自学读者、研究读者、咨询读者，图书馆都可提供极为方便的阅读参考条件。

#### 4. 精心辅导

读者在阅览室阅读学习的时间多、周期长，有的读者甚至长期连续利用阅览室学习研究，馆员接触读者的机会多，便于系统观察了解读者的阅读需要、阅读倾向、阅读效果，便于有针对性地进行推荐文献、指导阅读、参考咨询等服务。

## 二、参考咨询服务

图书馆的参考咨询服务始于 19 世纪晚期的美国，当时美国工业高速发展，经济实力增强，巨大的社会和经济活动促使了教育向更大众化发展，而科学研究和大学教育的发展，迫切需要图书馆为读者提供帮助，由此促使了图书馆参考咨询服务的产生。1876 年美国参考工作之父缪尔·格林（Samuel Swett Green）发表了有关图书馆参考咨询服务的文章《图书馆与读者之间的人际关系》，首次提出了图书馆参考咨询服务理论。他在美国图书馆协会年会上的发言明确指出，图书馆应帮助读者学会如何利用图书馆。但在当时他的理论并没有被社会所接受。直到 10 年后"参考咨询"一词才流行起来，格林的文章使"参考咨询服务"的概念广泛流传。所以直到现在图书馆界还是认为，参考咨询服务维持了"图书馆和读者之间的个别联系"。咨询馆员发挥四个基本作用：一是教育读者如何使用图书馆。二是帮助读者查找资料。三是回答读者的疑问。四是提升图书馆在服务群体中的形象，以及指导读者如何利用图书馆。

参考咨询是图书馆为了帮助读者检索文献和搜求信息的服务方式，图书馆参考咨询人员针对读者提出的疑难问题，利用参考工具、检索文献及有关书刊，帮助查寻或直接提供有关文献及文献知识、文献线索，通过解答个别问题的方式为读者服务。

参考咨询服务的类型按读者所提问题的性质可分为事实性咨询、方法性咨询与专题性咨询三种类型。参考咨询服务的实质是直接或间接地帮助读者解决对所需文献或某一方面知识了解不足、掌握不全面的困难。读者在科研、教学、学习、生产或工作中，往往会遇到一些与利用文献有关的疑难问题，出现这种情况的原因有：一是从浩如烟海的文献中，迅速准确地查到某种符合特定需要的事实或资料是很不容易的。二是很多问题往往要通过查检工具书去解决，而工具书的使用并不是每个读者都十分熟悉的。所以，借助图书馆把自己的需要与某种情报源联系起来，得到文献的提供或参考答案，对于读者来说是非常必要的。所以，参考咨询服务是图书馆一项不可缺少的服务形式。

## 三、新媒体下的参考咨询服务特色

在新媒体环境下，图书馆参考咨询服务呈现以下新特点：

### （一）信息资源的电子化

参考信息源是参考咨询服务的物质基础，出色的参考咨询服务必须要依赖丰富的信息源。传统的参考咨询信息源主要局限于各种馆藏文献，网络环境则突破了"馆藏"

的物理空间转向无围墙的全球性的"虚拟图书馆"，除了传统的文献信息源外，大多数图书馆还充分利用了检索速度更快、更方便的馆藏电子工具书、书目信息数据库和其他光盘数据库、网络数据库。Internet不仅是世界最大的信息资源中心，而且所提供的现代化检索技术能以比手工检索快无数倍的速度来提供信息资源。这些资源包括电子出版物、专题数据库、书目数据库、网络资源指南、网络检索工具、图书馆联机公用目录、联机数据库等等。可以说，网上电子化的信息资源将会成为咨询服务最重要的信息源之一。现代参考咨询服务的开展是以各种印刷型信息资源的数字化和电子信息资源的有效组织为基础的。

### （二）服务对象的社会化

随着网络技术的发展，信息不再仅仅是技术研究人员的特殊需求，而是各行各业人员从事实际工作所必须掌握的东西，甚至还是每一个社会成员生活的必需品。参考咨询不再限于本馆读者，而是面向全社会，主动地为社会各界提供信息服务，参考咨询对象逐步社会化。政府机关、科研机构及企事业单位需要决策咨询服务，科研单位与研究人员需要科学咨询服务，公司、企业、商贸团体需要社会经济动态信息咨询，普通民众需要与其工作生活密切相关的信息咨询。

### （三）服务职能的综合化

21世纪图书馆的参考咨询服务，既要搞好传统服务——解答读者在查找和利用文献信息过程中遇到的问题和疑难，又要开展多媒体资料阅读、网络信息传递、情报检索、情报编译、定题跟踪、回溯检索、课题查新，编制二、三次文献及读者导读、用户培训，开设文献检索课，帮助用户建立自己的信息资源库，为用户信息提供上网咨询，并协助用户建立自己的网页等多种服务。当今，技术辅导、考研信息咨询也是网络环境下图书馆不可忽视的一项工作。同时，检索的重点将由整体的图书向文章的段落甚至单个句子转移，对网络书刊的利用将由传统择册择期过渡到网络择目择篇择全文。咨询馆员还必须在有限、无序的网络信息中进行筛选、整理出用户所需要的内容。既要解释电子式检索的各个步骤，又要辅助用户构建检索式，与用户一起检索各种不同电子资源的选择方案。

### （四）服务范围的远程化

网络环境下图书馆咨询服务向众多图书馆间、国际远程数字化进行合作发展。通过远程合作咨询服务将全球图书馆结为一个整体，整个图书馆网络间不仅文献信息资源可以共享，而且各图书馆咨询馆员的知识智慧、成功咨询案例、各类课题调研成果等均成为共享资源。信息咨询服务不再是以单个图书馆为中心，而是在大图书馆的整体运作下进行得远程合作。

## 四、学科服务

随着信息化社会中知识概念的逐渐明晰，高校图书馆服务于读者已不仅仅依赖于先进的计算机网络技术和丰富的文献信息资源，不再过分强调"拥有"，而是更凸显专业化与学科特色服务，更多强调对资源的"获取"，图书馆服务观念了发生重大的转变。为适应社会的需求，学科馆员和图情教授的培养和聘用就显得十分重要。

高校图书馆为了加强图书馆与各院系之间的联系，建立通畅的"需求"与"保障"渠道，帮助教师、学生充分利用图书馆的资源，开始建立学科馆员制度。学科馆员的职责有：一是主动与对口院系的教师和资料室联系，了解教师对书刊、电子资源的需求。二是熟悉本馆以及国内外对口学科的文献信息源情况，掌握其使用方法。三是负责试用、评价对口学科的电子资源，为教师有效利用这些资源提供了技术支持。四是及时通告图书馆的新资源、新服务，定期编写、更新相关学科的读者参考资料，包括利用图书馆的主体指南和新资源的使用指南等。五是适时开展问卷调查或召开座谈会，征求对口院系对图书馆资源建设和服务的意见与要求。六是按学科进行电子资源的整合与连接，定期在网上发布新文献信息，负责收集、鉴别和整理相关学科的网络信息资源，并在图书馆主页上按学科大类建立学科网络导航。七是开展定期自选服务和其他各类咨询服务，详细了解学术带头人、知名教授及博士点的科研课题，主攻一两个课题，主动为研究项目提供情报咨询。八是不定期的为对口院系的教师、研究生提供利用图书馆的指导和培训，即提供图书资源的讲座，包括数据库介绍及使用培训等。

## 五、讲座、培训、展览

图书馆作为社会信息的集散中心，为社会提供多种形式的信息服务，在信息影响方面的地位是举足轻重的。讲座作为图书馆的读者服务形式之一，为广大听众提供了丰富的信息和资源，拓宽了信息获取的途径和渠道。

图书馆开展一系列讲座、培训等活动有如下五个方面作用：

### （一）指导读者利用图书馆

为了帮助读者了解图书馆的性质、职能、任务和发展状况，要求图书馆工作人员向读者介绍图书馆藏书资源的范围、重点、布局结构及其使用方法，介绍本馆的服务机构分布、服务手段、设施、借阅规则、程序、手段方法等。介绍的方法通常是采用新读者集体入馆参观、现场介绍，印发图书馆简介资料，馆内播放录音、录像磁带，以及设置专门的咨询台，随时回答读者的询问，等等。

### （二）指导读者利用图书馆目录

图书馆目录有"打开人类知识宝库钥匙"之称，读者如果想要查阅图书馆藏书，首先必须学会查目录。帮助读者了解图书馆设有哪几种读者目录、各种目录的作用及反映藏书范围，介绍目录卡片的著录事项、索书号的组成及其组织方法，目录组织体系说明、分类目录、字顺目录的组织体系及检索使用方法，说明本馆采用分类法的分类体系、大类类目表、标记符号及特殊分类规则、字顺目录排列取字方法与查找方法，以及填写借书单的方法和要求。指导读者利用图书馆目录，可采用集中讲课的方式，也可设置目录辅导员，随时指导读者查找各种中外文馆藏目录，并在目录厅公布各种目录的体例表。

### （三）指导读者利用参考检索工具

各种专业的目录、文摘、题录、索引，是教学科研人员掌握文献资料线索、查找文献资料的一把钥匙。掌握了它的使用方法，就能迅速、准确地查到与自己课题有关的文献资料。掌握中外文工具书，可以有效地提高学习与工作效率；掌握科技文献检索工具，能使科技人员在短时间内，迅速、准确地查找到自己研究课题所需的文献资料线索。

### （四）指导读者阅读图书

阅读指导是图书馆对读者的阅读目的、内容和方法给予积极影响的教育活动，目的在于提高读者的阅读能力和阅读效率。指导读者阅读图书，包括两层含义：一是对读者阅读内容的指导，二是对读者阅读方法的指导。要引导读者掌握正确的学习与阅读方法，如在什么情况下采取浏览法阅读、什么学科应采取精读法，以养成良好的自学习惯，提高学习效率和自学的效果。

### （五）指导读者利用图书馆数字资源

随着网络的日益普及，数字资源在馆藏资源中所占的比重越来越大，指导读者学会使用图书馆中的各种中外文数字资源是每个图书馆义不容辞的任务，也是网络环境对图书馆提出的要求。

## 第二节　读者服务工作在图书馆中的地位和作用

在国际图联、联合国教科文组织于 2001 年 8 月在美国波士顿召开的第 67 届国际图联大会上正式出版发行的《公共图书馆宣言》中明确指出："每一个人都有平等享受公共图书馆服务的权利，而不受年龄、种族、性别、宗教信仰、国籍、语言或社会地位的限制。"因此,图书馆的一切工作都是为读者服务创造条件,图书馆的价值是通过服务社会与人类来实现的,图书馆所有的活动都是围绕着如何服务于社会与人类来展开的。服务观念、服务手段、服务方式始终贯穿于图书馆整个实践过程中,图书馆服务的态度和思想,服务的思维活动所形成的服务理念,是直接影响了图书馆服务对象对于文献信息资源的需求能否实现的关键。反过来,以用户在图书馆员心目中的定位和如何满足用户需求为主要内容的服务理念,又是图书馆实现其自身价值的基础和思想保障。即服务是图书馆存在的社会价值,服务是图书馆活动的核心,服务是图书馆的基本宗旨。

如果说,一个世纪以前,我们的图书馆以藏书多为荣的话,今天,图书馆馆藏的多少和馆舍的大小已不再具有竞争的优势。图书馆要提高其竞争能力,既要靠资源优势,更要靠具有自身特色的、相关行业莫能企及的服务创新与服务优势。只有服务质量高才是区别各个图书馆好坏的根本所在。如果沿袭固守传统的服务模式,势必会在前进的道路上鹅行鸭步,消解了本来可以壮大发展自身的竞争力。竞争力来源于读者对图书馆服务品质的认同,已构成图书馆人的主流意识,主导着图书馆的运行方式。

# 一、服务是图书馆存在的社会价值

就目前而言,图书馆正处于从传统图书馆向未来概念图书馆——数字图书馆、虚拟图书馆过渡阶段,与其他所有过渡阶段的事物一样,此时的图书馆处在传统图书馆和未来图书馆的中间,兼具两者的特点,这造就了此时图书馆的矛盾地位。图书馆应何去何从,图书馆学界和业界对此话题产生的言论颇多。但目前不争的事实是,无论过重倚向哪一方,都会有不可忽视的"服务危机"存在。所谓"服务危机",是指在图书馆活动过程中出现的读者图书馆服务的信任危机。信任危机极大地影响着图书馆的社会形象和图书馆事业的发展。

## (一)传统服务方式带来的危机

众所周知,自改革开放以后,我国国民经济发展迅速,各行各业呈现出勃勃生机的现象,图书馆事业也得到了空前发展。但图书馆事业在全面发展的同时,图书馆服务尤其是公共图书馆服务在制度、体系、方法、态度等众多方面却存在着问题。而这些问题对于图书馆的发展和未来生存的影响,从一定程度上讲都是至关重要的,甚至是生死存亡的问题。学界和业界对此已进行了很多的理论研究和实践。

首先,从宏观方面看,图书馆事业确实得到了迅猛发展,在馆舍建筑、馆舍面积、馆藏数量等方面都较之以前有质的提高。但就单个图书馆而言,在经过 20 世纪 80 年代初期稳步发展以后,开始出现了生存危机。由于明显的"营养不良""供血不足",许多图书馆呈现出"虚脱"状态。因此,图书馆界出现了"低谷论"。尽管有人对这一论调提出批评，但无论这一提法是否科学，是否符合事实，图书馆遇到的困难却是有目共睹的。经费不足，导致图书馆一系列"虚脱反映"：新增藏量锐减，人才流失，设施设备得不到改善，服务手段跟不上需要，最后导致服务水平下降、社会形象越来越差、读者流失等并进入恶性循环。事实上，当一个图书馆每天仅有极少量的读者造访，它所提供的服务已不能满足绝大多数读者的需求时，或者当图书馆已丧失了与时俱进的能力时，尽管这个图书馆是免费的，但事实上它已危机四伏，如同消失一般。如果此时还有其他行业服务者能提供类似的服务，图书馆无疑是雪上加霜，危机将更为严重。

其次，长期以来，图书馆于外缺乏竞争奋进的机制，于内滋生出一种"黑洞现象"。即产生投入大、产出小，以至投入大而无产出的一种低效益或无效益的现象。产生"黑洞现象"的主要原因就是由于图书馆长期脱离市场，缺乏用服务去满足市场需求的观念和服务精神。

另外，来自图书馆外部的社会压力也在一定程度上引起图书馆生存危机。

网络资源的日新月异，使网页内容以每 12 个月翻一番的速度向前发展，电子信息以几何级数迅速膨胀。"图书馆存在价值"的疑虑十分严峻地摆在我们面前：图书馆能否向人们提供比互联网的导引系统和搜索引擎更有效的服务手段？能否继续成为人们获取信息的第一选择？

## （二）技术进步带来的服务危机

20 世纪末，以计算机技术和网络通信技术为主导的现代信息技术得到了迅速的发展。它在改变世界面貌的同时，也给图书馆带来了一场深刻的变革。在技术生产力的推动下，传统图书馆发生了天翻地覆的变化，如计算机管理下规范化的"采、分、编、流"，简便迅捷的全文数据库检索，网络化的文献信息资源共享，Internet 资源利用，等等。我们几代图书馆人的梦想，今天都已成为了现实。这一切当然要归功于现代技术的应用。正是由于现代信息技术在图书馆如此广泛而成功的应用，给图书馆的发展注入了新的活力，使得技术生产力无可争议地成为这一时期图书馆发展的第一推动力。

高新技术为图书馆的发展提供了日益先进的技术支撑，社会的网络化逐渐使图书馆成为一个资源的共同体。在一个以信息、文化和公共资源为主要生存轴心的社会平台上，只要拥有一台主机，通过网络，任何一个图书馆，都可以进行超馆藏、超时空超地域的服务；任何一个读者也可以把图书馆"带"回家，或"带"到他需要的场所，远离实体图书馆，在互联网上就能很便利地寻找到自己所需的文献信息。随着数字图书馆概念的出现及其优越便利性的展示，读者对图书馆的依赖也将削弱。

随着时间的推移和技术的进步，这些预言一个一个地破灭，这并不完全因为图书馆所提供的服务不可能被他人所替代的缘故，更主要的是因为图书馆所拥有的文献信息资源的优势尚未被他人完全拥有，政府长期在图书馆界的投资积累所形成的方方面面的优势难以在瞬间被企业的短期投入所"冲淡"，图书馆界尚未引进竞争机制。坦白地说，如果当图书馆的这些优势丧失、淡化或者市场竞争机制导人业界时，凭借现有的人力资源优势和服务优势，有相当数量的图书馆是难以在剧烈竞争的市场中占有先机的。

## 二、在传统与技术之间正确定位服务工作

传统图书馆向数字图书馆、复合图书馆过渡的时期，我们暂且称之为转型期图书馆。在转型期图书馆，图书馆员应该思考图书馆目前与将来的发展方向，关注图书馆所提供服务的水平质量，关注用户信息需求的满足程度及相关问题来促进自身进步。图书馆员应采取灵活多样的服务方式，变被动服务为主动服务，变一般化借阅为多样化、特色化服务，变粗浅的单层次服务为多层次全方位服务。但在网络化进程中，图书馆的许多传统工作内容及其工作方式还会继续发挥作用。即使到了网络发展的高级阶段，优良的服务思想和服务传统仍将是我们工作的保障。在此，不能因为网络化时代的美好蓝图和数字化图书馆的美好前景而盲目乐观，更不能忽视和放弃眼前图书馆的基础工作。因为网络化发展毕竟要有一个过程，不是一蹴而就；数字化也不是一项简单的工作，说实现就立刻实现，它需要我们实实在在的努力和大量细致的基础工作。那种过分相信和依赖网络技术，以为有了网络就有了一切的看法，有失偏颇，是对网络的一种错误理解。

### （一）认识传统图书馆服务优势

对于预言无纸社会的出现，必将导致图书馆的灭亡，现在看来还为时太早。应该说在相当长的历史时期内，实体图书馆仍将存在，并继续发挥着重要作用。转型期的图书馆作为公众服务机构，仍将承担着为社会服务的重任；传统服务作为信息传递手段仍然担任重要角色；传统印刷型文献载体，仍然保持优势地位。

传统图书馆提供的服务主要是印刷性文献，从现阶段看，用户仍然习惯于阅读印刷性图书和杂志，无论是研究，还是消遣，人们数十年来养成的阅读习惯使印刷性文献已经成为不可缺少的东西。图书与期刊的发行量，仍在不断地增长。因此，图书馆仍然是收藏文献最集中的地方，用户的信息需求，仍然需要图书馆的帮助。图书馆除提供原始文献外，二次文献、三次文献的提供，仍然是非常受读者欢迎的信息。我国公共图书馆近二十年来迅速发展，到馆查阅书刊的读者呈上升趋势。因此，图书馆要根据用户需求，收藏有特色的文献，并尽可能利用现代化手段提供相应的服务。

### （二）传统服务方式的提供

传统图书馆在服务工作的时间内摸索了一整套服务方式，如馆内借阅、文献外借、参考咨询、文献复制、书刊展览、专题讲座等。这些服务既满足了众多用户对文献的需求，又方便了图书馆保存和管理文献，以便更好地为用户服务。传统服务方式仍然是用户使用文献的主要方式，一般都是图书馆向用户提供文献服务，均是公益性的。传统服务方式在图书馆的经费支出较低，因此一般的服务不收费或收取少量的成本费。目前我国公共图书馆的服务工作是面向大众的，传统服务仍然是主流，被公众认可。由于我国网络化的发展比较快，有些费用比较高，一般公众难以接受，这也是传统服务受欢迎的原因。因此，在转型期图书馆仍然要做好传统服务工作，不能一味追求新的服务方式和盲目地改善设施条件。

### （三）图书馆设施和环境的提供

在传统图书馆，宽敞明亮的大开间阅览室、卡片式目录、手工式外借手续与证件等，仍为公众所喜爱。传统图书馆是一个特定的场所，它以其特定的环境吸引着广大用户，它的馆舍包括书库、阅览室、外借处、复制台、读者休息室、餐厅等服务设施。许多读者来图书馆阅读图书，查阅文献和信息，是为了享受图书馆的服务和氛围，图书馆的环境和服务仍然是用户选择的主要场所。

在我们认识传统图书馆服务的优势同时，也不能"倚老卖老"。还应清楚地看到传统图书馆在服务方式上存在的复杂性。归纳一点，就是优化服务流程，简便是服务的核心。

### （四）理性对待现代技术

图书馆是社会文化机构，而不是技术机构，也不是为技术而存在的。就图书馆自身而言，既不是图书馆最新技术的创造者，又不是 IT 行业的先驱精英。图书馆存在的价值在于为社会所提供的信息服务，在于以最短的时间、最快的速度，为最多的读者找到最多的书（信息）。从表面上看，图书馆的现代化进程表现出的是一个图书馆不断技术化的过程。因为在这一过程中，我们能明显地看到，技术正以点滴的方式向图书馆渗透，逐渐改变和替代图书馆传统的工作方法，使图书馆的技术含量和现代化程度越来越高。但在实质上，图书馆的现代化进程是图书馆不断利用先进技术手段来改进传统服务，以提高自身服务能力和服务水平的过程；是为了满足社会对信息服务日益增长的需求，使图书馆的价值在社会进步的过程中不断得以再现的过程。

信息技术的变化改变了读者利用文献与图书馆的方式，但图书馆服务的宗旨不能变。正如谢拉所言：服务就是图书馆的基本宗旨。最新信息用最快的速度传递，并不一定能获得最大的效益，而经过有目的的整序，有针对性的分析、评价和再加工所得到的情报产品，在社会上往往会获得广泛利用，成为最受情报用户欢迎的情报产品，由此情报效益得到高质量显现。无论何种信息环境下，读者都希望图书馆工作人员能迅速准确地提供最有价值、最有针对性的文献信息。因此，对文献信息进行认真分析、鉴别，对有价值的信息进行指导性的、科学的评价，对有传递价值的信息进行综合处理和再加工，是服务的基础工作，也是图书馆情报职能最基本的体现。

在过去的 30 多年，图书馆经历了两次大的冲击。第一次发生在 20 世纪 80 年代中期，由于计算机技术和通信技术的结合推动了互联网的发展，有人预测随着无纸社会的来临，图书馆将走向消亡。确切地说，是无纸预言引发了信息社会的图书馆消亡论。一些人对图书馆的未来表示悲观，认定图书馆存在的时日已不多，到 20 世纪末 21 世纪初，随着图书馆完全电子化，图书馆将大部分消亡。图书馆消亡论认为，剩下为数不多的图书馆，只是为了专门用于保存过去的印刷型文献。图书馆消亡论者最具代表性的人物，首推美国图书情报专家兰卡斯特，他肯定地认为："我们正在迅速地不可避免地走向无纸社会""图书馆主要是处理机读文献资源，读者几乎没有必要再去图书馆，地方图书馆已无足轻重，甚至消失"。他还毫无根据地推出预测的时间表，"再过 20 年，现在的图书馆可能完全消失"。这个时间表是他在 20 世纪 80 年代初做出的。事实上，20 世纪已经成为历史，我们不但没有在世纪之末看到图书馆行将消失的迹象，恰恰相反，摆在眼前的却是图书馆持续发展的一派进步景象。无论数量还是质量，都呈现出增长与提高的状态。图书馆顶住了第一次生存危机，并取得了迅速发展。

第二次冲击发生在 20 世纪 90 年代末，并一直延续到现在。由于互联网的大量普及，电子信息以几何级数迅速膨胀，有人认为互联网的导引系统和搜索引擎会代替图书馆的功能，成为人们获取信息的重要途径。于是人们怀疑图书馆还有没有存在的价值。

今天，图书馆正在面临第二次考验：图书馆能否向人们提供比互联网的导引系统和搜索引擎更有效的服务手段，继续成为人们获取信息的"第一手段"？ 2001 年 5 月，在上海图书馆举行的一次国际中文元数据应用研讨会上，大多数代表都有这样的共识，时代赋予了图书馆员一个新的使命，就是通过网上资源编目，把无序的网络空间变成有序的数字图书馆。实践将证明，图书馆员需要互联网，而互联网更需要图书馆员。随着网络的发展，使得"网络用户在网上能够找到甚至只能找到他所不需要的东西"成了互联网信息检索定律。这就使得图书馆员利用网络信息检索技术与方法成为了网络导航员和知识工程师，利用网络开展培训和继续教育成为在网络环境下图书馆服务向深层次发展的重要内容。

在两次冲击中，图书馆都是在激烈争论和尝试中获得了生存的机会。如今数字图书馆建设的波澜壮阔已经将图书馆与网络更加紧密地融合在一起，同时也会引领一些时尚潮流的虚拟图书馆如雨后春笋般不断涌现。图书馆仍然在人们的需求之中继续前行，巍然屹立于潮头浪尖。图书馆人正以一种执着而热烈的追求和无私奉献的精神在图书馆行业艰苦奋斗，开拓创新。因此，不得不承认，图书馆具有生存和发展的核心竞争力。

毋庸讳言，现代信息网络的普及、信息资源的数字化和信息系统的虚拟化使得包括图书馆在内的信息提供机构的"中介性"的作用大大降低了，网络化信息库体系已经成为主流性的服务形式，同时信息用户的行为模式也发生了很大变化。但不能因为服务方式和服务内涵的变化甚至下降来否定图书馆在现代信息服务体系中的地位和作用。图书馆服务面临的问题和挑战是巨大而艰难的，改革和变化更为必要和急迫。在改造和变革传统服务体系的过程中不仅要面向新的理论、技术和服务方法及方式和创新服务体系，而且也应挖掘其原有系统的内外在价值，使图书馆服务在信息社会中能够发挥真正的作用。

# 第三节　读者服务工作的发展趋势

## 一、读者服务工作的变化

在探讨图书馆读者服务工作的发展趋势之前，我们有必要先去了解一下在现阶段图书馆读者服务工作的变化。因为只有根据其变化，我们才能得出其发展趋势。

图书馆变革的根本原因和动力在于阮冈纳赞所说的"图书馆是一个发展的有机体"，是开放的社会机构。因为是发展的有机体、开放的机构，就必然要从周围环境中输入新元素，并在图书馆"肌体"内消化代谢，生成新的可以向社会输出的产品和服务，将社会对它的反映再反馈回"肌体"的内部。因此随着社会的发展，技术的进步，图书馆基本功能随着社会的发展保持了下来，但是它与社会关系的集中体现—服务，无论是作为制度基础的法律，还是实践的基本内涵，如服务的内容、方式和方法却在不断地变化和变革中。

当今社会是网络信息社会，网络在人们的学习、生活中占有愈来愈重要的位置。置身于此的图书馆服务，尽管还存在许多传统方式，但服务途径和手段已有巨大变化。

### （一）图书馆服务环境的变化

21世纪是知识经济时代，知识与信息已成为经济活动中的生产要素。知识经济的不断发展，加快了知识创新的速度，促进了信息的交流与利用，人们信息需求不断增加，对图书馆信息服务也提出了新的要求。由于受到了社会环境变化的影响，图书馆服务环境也发生了重大变化。

在网络信息时代，用户可以不受时空的限制，通过互联网轻而易举地检索到所需的各种信息，甚至可以很方便快捷地下载和浏览全文文献和多媒体信息。随着宽带网进入家庭,用户坐在家里就可以获得信息、接受远程教育、欣赏文艺节目等。网络环境为图书馆工作提供了一种新型的快捷、跨时空的信息服务方式。传统图书馆"坐等上门"的服务局面,以及"借借还还"的服务方式,已经不能适应网络时代的读者要求。为此,各种类型的图书馆都在寻找自己的立足点和生存空间,千方百计地改变服务工作,拓展了服务领域和内容,适应环境的变化。最显著的变化是几乎所有的图书馆都安装了计算机设备,建立了供用户使用的公共计算机查询系统,开展了网上预约外借、网上咨询服务等项目。

## (二)图书馆服务需求的变化

传统图书馆是以文献为服务单元,要注重读者群体概念,以向用户提供印刷型文献信息为主,读者需要文献只能采用到图书馆查阅的服务方式,图书馆服务工作和用户信息需求均受到一定程度的限制。在网络环境中,用户的信息需求发生了根本性变化,人们已经不再满足图书馆提供一部书、一篇文章,而是要求提供某一特定信息、某一事物、某一主题的知识信息。图书馆服务范围也随之发生较大的变化,从提供印刷型文献,发展到提供知识信息、多媒体信息、多载体信息。也就是说从传递文献信息,发展到传递知识信息。现代图书馆是以信息为服务单元,强调以人为本的个性化信息服务。即满足读者个性化和多样化的信息需求,提供差别信息服务。当然,与传统的文献服务也并非不存在差别,但那种差别是建立在读者群体基础上的,而现代图书馆的信息服务差别是建立在不同的读者个体上,是建立在直接性、多样性和个性化基础上,根据读者各种不同的个性化信息需求,来实行个性化定制服务。

## (三)图书馆服务技术手段的变化

传统图书馆长期采用手工操作,无论是采访、编目、典藏、阅览,还是咨询工作,都是以卡片为载体,一切工作都是手工操作,服务工作更是靠劳动密集型操作完成。随着技术的发展,图书馆工作从半机械、机械化过渡到自动化和网络化。现代图书馆服务已大量采用复印机、防盗仪、计算机、传真机、网络传输、卫星传输等设备为用户服务。图书馆利用新技术服务的手段不断增加新服务,如网上参考咨询、网上信息检索、数据传输、网上文献传递服务等。现代技术的发展和现代设备的应用为图书馆服务工作提高了效率。

## (四)图书馆服务模式的变化

在图书馆服务工作的变化中,变化最大的应是服务模式的变化。在突破了传统的服务模式制约的过程中,呈现出如下四个趋势:

### 1. 由封闭型转为开放型

由于传统图书馆受到经济和技术的制约,图书馆的服务活动局限在特定的范围,服务工作可以说是以阵地为主，一般是"等客上门"，所有的服务基本上是"以馆藏为中心""以馆员为中心"。图书馆在加工规模、藏书体系、服务范围、人员配备方面基本形成了"小而全""大而全""备而不用"的自我封闭型办馆范式。图书馆与外界的联系很少，满足于一般的借借还还，图书馆员的思想受到束缚，形成了僵化的管理定式。

在知识经济时代和网络环境下，面对社会信息需求的扩大和技术的发展，图书馆再也不能故步自封，把自己禁锢在图书馆的围墙之中。

当图书馆的服务工作开始走出图书馆，面向需求、面向用户，主动服务，建立起辐射型的开放服务系统。形成"以用户为中心""以需求为向导"的主动型服务理念和信息服务模式。目前，图书馆非到馆用户成倍增加，网上信息需求范围逐步扩大就是最显著的变化。

### 2. 由单一化转为多元化

传统图书馆一般都有比较固定的读者群，图书馆服务也主要为到馆读者服务。图书馆的服务模式培养了自己特有的用户，用户习惯于把获取信息和知识的渠道、方式局限在图书馆，获得信息的方式比较单一。随着社会、经济、技术的发展，人们传播信息的渠道不断扩大，人们获得信息的渠道和方式多元化，传统图书馆向读者提供的阅览、外借、检索、复制书刊资料的服务方式已经不能完全适应用户需求。现代图书馆要满足用户获得信息需求，必然要开展多样型的服务。在转型期已经出现了服务需求多元化、服务形式多元化、服务内容多元化的局面。目前在许多图书馆开展代查、代检索、代复制、代翻译、联机检索、光盘检索、网上咨询、异地服务、远程教育等，就是为满足用户需求的多元化展开的。

### 3. 由劳动密集型转为智力密集型

在传统图书馆的服务中，图书馆员向读者提供服务以手工为主，工作人员从事文献的采集、编目、加工、书库管理、阅览服务、参考咨询等工作，大部分是劳动密集型操作，重复性、烦琐性、体力性的工作比较多。服务第一线的工作人员是体力性工作，人员素质要相对低一些，其主要工作任务是书刊上架、整理、阅览室环境卫生、简单咨询等，从图书馆的整体动作模式来看，主要是以劳动密集型为主。

随着信息时代的到来，信息需求急剧增加，图书馆服务工作的范围、对象、内容、方式、手段不断扩展和增多。新技术的发展，改变了服务人员与用户之间的互动关系，用户不再局限于与服务人员面对面进行交流，图书馆服务工作的劳动逐步从劳动密集型向智力型转变。图书馆员的大量工作任务转向对知识信息进行整合，对网上信息进行检索与筛选后再进行超级链接等方面。图书馆员已经成为了"信息导航员""网上冲浪员"，是信息的中介，直接参与市场信息交流活动。图书馆提供的服务的知识和技术含量不断增大，主要表现为信息增值服务。

### 4. 由分割式管理转为整体协调式管理

传统图书馆的服务工作，因手工操作，一般是多部门分块管理。外借部负责图书外借，阅览部负责到馆读者阅览，咨询部只管咨询，报刊部负责报刊借阅，每个部门只管自己所管辖的服务范围，相互间的协调比较差。用户在图书馆内要跑几个地方，才能满足多种需要。有关专家曾经提出，图书馆应建立获取服务部，用户提出的一个信息需求申请，在图书馆内部经过的无数流程和复杂环节，对用户来说并不需要知道，用户仅需要获取最后的结果。图书馆服务通过技术手段，让读者可以在短时间内一站式获取所需信息。随着新技术的发展，图书馆的服务管理必须要有整体的协调性，树立大服务的观念，做到内外结合、横向联合、资源共享，才可能满足用户的需求。

## 二、读者服务工作的应对

为适应图书馆种种工作的变化，图书馆应实现如下转变：

### （一）实现读者走进图书馆到图书馆走近读者的转变

该种转变包含如下三个方面的含义：

#### 1. 网络上的走近

如许多高校图书馆在校园内开设了校园网，使图书馆进入各个大学生宿舍和教师住宅，使学生和教师在住所即能方便检索利用图书馆的各类文献且不受时间和数量的限制。这样的做法使学生和教师感到图书馆就在自己的身边。

#### 2. 服务上的走近

图书馆实现了从闭架书库到开架书库的转变，使读者亲临其境，亲手挑选自己所需的文献资料。图书馆设立各种新书专架，推荐书架、书目展示等，受到读者普遍欢迎。

#### 3. 管理上的走近

图书馆中面向读者的各项规定可重新定位，从读者的角度出发进行文字的修改，其中包括文字规范，使用国内外通用表达方式；语言委婉，让读者易于接受等。还可以在读者中建立社会监督员队伍，由读者来明察暗访，对图书馆管理的各个方面评头论足并予以打分，馆中定期召开监督员会议，由馆领导和有关部门负责人参加，对监督员所提各项建议均逐一落实。还可联系其他图书馆，在各馆之间进行网络连接，实行馆际互借、借阅一卡通和异地借还。这些都让图书馆更加贴近读者，也使图书馆的优良服务充分体现出来。

### （二）实现从管理者到服务者的角色转变

从图书馆的内部而言，每一位图书馆员或是阅览室管理者，或是书库管理者，或是网络管理者，或是采访编目管理者，或是参考咨询管理者，或是行政业务流程管理者，但所有这些管理者在为读者服务这一点上是一致的。在现在的图书馆各项工作中，图书馆的工作者往往比较多的是将自己的角色定位为管理者，而不是服务者。这样，服务的内容、服务的方式、服务的制度、服务的流程等，较多地是从图书馆的内部出发，从图书馆的管理出发，从方便图书馆员的工作出发，从图书馆的既定业务流程出发，从图书馆长期形成的业务思维定式出发，而较少从读者的需求出发，从未来更方便读者出发，从图书馆不断创新给读者以知识导航出发。总之，在相当程度上，目前的图书馆更多的是管理，而非服务；更多的是让读者来适应图书馆，而不是让图书馆去适应读者。这样的例子在图书馆可以说是俯拾皆是。分析其原因，正是因为人们的理念还停留在图书馆的"管理者"，其角色没有转变为读者的"服务者"。

如果从图书馆的内部管理和外部服务一起考虑的话，图书馆应该推行以读者为本的"繁简观"，即上繁下简，内繁外简，前繁后简。所谓上繁下简，即在管理层应该充分讨论，反复酝酿，各方协调，细则具备；而到一线服务之处则应政令从简，布置清晰，易于操作，执行坚决。所谓内繁外简，即在图书馆内部，各项服务制度、服务流程、岗位职责应该制定得十分详细，规定得十分具体，各项服务活动的准备工作要做得十分充分完备，各项应急预案应考虑得十分周到细致；而对读者和公众来说，应该言简意赅，易于理解，便于遵守。所谓前繁后简，即在读者第一次到馆时，或为到馆读者提供首次咨询和服务时，应该主动询问，回答具体，介绍详细，服务耐心，以避免读者因不了解情况而为其带来各种不必要的麻烦；而对常来的读者，则要处处为读者节约时间，要言而不烦，动作快捷，方便高效，服务专心。

### （三）实现从数量增加型到质量提高型的转变

图书馆的服务在数量增加的同时，也必须实现向提高质量的方向发展，这是不断满足读者需求的服务理念。读者的需求是在不断发展变化的，当我们在扩大图书馆的面积、拓展阅览的空间、增加图书期刊的品种、策划图书馆的服务项目、壮大图书馆员的队伍，加大图书馆的投入，甚至在进行图书馆大规模扩建的同时，我们都应当十分重视提高图书馆的服务质量。在当代信息和知识总量剧增的情况下，广大读者已不满足于以往图书馆的传统服务内容和方式。图书馆作为知识的门户，其图书馆员能够成为知识的采集者、知识的加工者、知识的组织者、知识的管理者、知识的交流者、知识的提供者和知识的教育者，总而言之，就是要成为知识的导航者。由于多年来形成的图书馆员队伍素质总体水平不高，在加强现有图书馆员队伍的培训、不断引进优秀人才加入图书馆员队伍的同时，我们也可以实行"借资工程"和人才的柔性流动，可以聘请社会上各行各业的专家到图书馆进行坐堂咨询，既可以是综合性咨询，又可以是专题性咨询；也可以借鉴大学和研究所里的开放型实验室的做法，邀请国内外的专家来从事一些研究项目，以便更好地为读者服务。

要实现图书馆从数量增加型到质量提高型的转变，就要对广大的读者进行个性化的服务和超常服务。图书馆的超常服务，也是图书馆服务质量提高的实质体现。同时，图书馆的超常服务也体现在图书馆员为读者所提供的延伸服务。延伸服务有时间上（图书馆正常服务时间之外）的延伸，也有范围上的延伸（越出本岗位的服务局限），还有内容上的延伸（超出图书馆业务服务范围），以及空间上的延伸（为外地及境外读者服务，为读者离开图书馆后提供服务）。

要实现图书馆从数量增加型到质量提高型的转变，还应在图书馆中创造并培育出标志性的信息服务产品。就期刊而言，国家图书馆的《中国图书馆学报》、中国科学院文献情报中心的《图书情报工作》、上海图书馆的《图书馆杂志》等就是标志性的信息服务产品。全国图书馆界合作完成的《中国图书馆图书分类法》《中国古籍善本书目》，全国高校图书馆系统联合建设的"中国高等教育文献保障系统"等，也都是标志性的信息服务产品或信息技术的保障手段。

## 三、读者服务工作的发展趋势

从目前的图书馆发展状况来看，读者服务工作总趋势可概括如下几点：

### （一）参考咨询——对寻求信息读者的个别帮助

参考咨询工作无论在传统时期还是在现代网络环境下，都是图书馆沟通用户与信息源的一种有效形式。我国图书馆参考咨询工作自产生以来就处于这种不断的发展变化之中，从简单的问题解答、馆藏书目查询，到定题情报服务、研究课题查新及检索工具使用的教育辅导等，从纯手工检索文献、口头解答问题，到机械化检索文献和借助于电话、传真等进行咨询。参考咨询的有效开展，在很大程度上配合了图书情报职能和教育职能的发挥。进入 20 世纪 90 年代，传统的参考咨询手段已越来越难以满足社会快速而复杂的信息需要，再加上互联网络的开放兼容性和信息资源共享性的特点，图书馆的传统服务受到来自互联网的强有力挑战。

数字化参考服务，又称虚拟参考咨询服务、网络参考咨询服务。数字化参考服务主要是在网络环境下，图书馆或信息机构以网络为信息阐述手段，以数字化信息为基础，通过 E-mail、Web 表格、在线交谈、视频会议等方式进行的参考服务。这种服务形式不受时间、空间的限制，能够借助相关资源，通过咨询馆员或特聘学科专家来为用户提供 24 小时的不间断服务，它代表着现代图书馆信息咨询服务的发展方向，其内涵要比传统服务更深厚。

虽然目前公共图书馆的数字参考服务尚不普及，但是网络实时服务还不能成为参考服务的主流业务，数字参考服务对参考服务全局的影响还没有完全显现出来，并可能在未来的几年仍将处于配属状态，但与传统参考咨询相比数字参考服务具有的优势是显而易见的。

### 1. 多样化的内容

数字参考服务的内容不仅包括传统参考服务中常规性的简单问题的解答，如馆藏文献书目查询、图书馆以及检索工具使用的教育辅导等，而且还包括网络信息资源的介绍、查找、评价、选择与提供，网上定题服务、简报服务，网络远程教育等。

### 2. 自动化的手段

数字参考服务的最重要特点就是服务手段的自动化、电子化、网络化。咨询馆员不需要与读者进行面对面的接触，主要就是依赖计算机对信息进行自动化的查询、获取、分析、加工、存储等处理，利用互联网技术等电子化手段能够在更大程度上实现与读者之间的交流。

### 3. 智能化的结果

由于咨询馆员借助计算机进行信息处理，如互联网数据库检索、光盘数据库检索、网络信息传输等现代信息技术，可以向读者提供更高水平、更高层次的解答，提供针对性更强、更具附加值的智能化成果。

### 4. 服务范围与信息源的广泛化

网络环境最大的优势就是可以打破时空界限，读者无论身在何处，都可以全天候向咨询员发送问题，咨询员也可以利用丰富的、海量的网络信息资源来解答读者的问题，这是传统参考服务时代所无法想象的。

目前，在国内外比较常见的数字化参考咨询服务（DRS）的方式主要可归纳为Help系统和FAQ（常见问题解答）信息服务、异步服务、实时交互服务和合作化数字参考咨询服务（CDRS）。

Help系统和FAQ这种方式是对各种网络数据库本身如何使用进行介绍和说明，形成一个联机帮助系统，汇总常见问题，整理后放在网上供用户浏览。在问题增多、浏览不便的情况下，经过技术处理逐步形成FAQ数据库，用户可以方便地查看自己提出的问题是否已有现成的答案，或者通过输入分类号、关键词等渠道获得所需的解答情况。这种参考咨询方式问题比较集中，具有针对性，用户获取现成答案的速度比较快。但缺点是通常只列有常见的问题集，用户也只能被动地检索并接受答案，在遇到常见问题集里没有自己提出的问题时就会无所适从。

异步服务：这是目前参考咨询最流行也是最简单的服务方式。通常的做法是在图书情报的网站主页或者某个网页上设立"参考咨询"或"询问图书馆员"的链接，以电子邮件、电子表格、电子公告板、留言板等形式来完成。在图书馆，一般是在本馆的网站上用Ask A Librarian加以链接，用户可以电子邮件、电子表格等形式来提交请求。

Ask A Lihrarian 在接到用户请求后，以电子邮件的形式做出答复。其突出特点是简单易行，但最大的问题是因基于异步处理而使用户与咨询员之间缺乏实时的交流，导致咨询结果不能得到及时反馈。

实时交互服务：这种服务是在网上实时进行的、面对面的交流，其主要形式是网络聊天室、桌面视频会议、网络寻呼机等。目前广泛采用的是 Chat 软件技术。使用基于 FAQ 数据库管理的参考咨询服务，每次的提问和解答过程都依靠后台数据的支持，系统管理员或参考咨询员在经过筛选后，将有价值的问题及其解答加入其 FAQ 数据库中，不断增加 FAQ 的数量，在规定的时间内提供给用户。实时交互服务大大提高了咨询服务的质量，尤其是网络客户呼叫中心这类软件，能有效支持远程的复杂咨询和用户培训，服务效果更佳；但实时交互服务也存在着一些有待解决的问题，诸如咨询人员的合理配置与培训、技术和经济运行条件的保障以及咨询过程中用户行为随意性的控制等。

合作化数字参考咨询服务（CDRS）：前几种参考咨询方式在实施过程中，其方便性会很容易带来急剧增加的咨询请求量，咨询人员也经常遇到超过自身知识和可利用资源量的复杂问题，由于人员限制，单个图书馆很难做到全天候的咨询服务，于是便出现了合作化的数字参考咨询服务。CDRS 是利用网络技术建立起来的，有多个图书馆甚至多个系统间的互联数字化网络在任意时间、任意地点为用户提供的参考咨询服务。这种方式运用最新的科学技术成就，能够在相关的数字化信息资源中提取、筛选出最好、最准确的答案。这种服务方式几乎可以使解答咨询的图书馆员在海量的数字化信息资源中左右逢源，极大地满足用户的咨询请求，有效地实现信息资源、人力资源和服务资源的最大化、最优化的共享与利用。因此，合作化数字参考咨询服务将成为未来数字图书馆参考咨询服务的重要模式。

在数字化信息环境中，图书馆与其他信息服务机构处在同一起跑线上。但是，图书馆的优势又是显而易见：信息服务毕竟有其悠久的历史，具有丰富的经验，藏有巨量的印刷品和数据库资源，专业人员和技术力量也相当雄厚。合作与竞争同在，机遇与挑战并存。数字化图书馆时代需要参考咨询服务，就是要大力提高对文献资源和信息资源的利用。正如培根所说："知识的力量不仅取决于其本身的价值大小，而且更取决于它是否被传播及传播的深度与广度。"只有大力开展图书馆参考咨询服务，图书馆事业才能顺应时代的要求，得到有力的发展。

### （二）奠定品牌化服务的基础——特色图书馆

要想提高图书馆的服务质量，就要提倡品牌服务。这里的品牌，包括受用户欢迎的标志性产品，也包括得到读者承认和信任的高水平馆员。一个图书馆要在未来的服务与管理中得到持续的发展，要提高其核心的竞争能力，就要保持并推出其品牌服务。

服务要形成一种品牌，强调的是一种服务社会的形象与口碑。品牌化服务突出的是服务的特性与特色。品牌化服务是服务品牌的延伸与深化。图书馆品牌化服务的基础主要是特色馆藏。在网络化、数字化不断发展的今天，数字资源是网络服务的基础，具体到每一个图书馆就是特色馆藏的数字化和特色数据库的建设。

如何把有限的经费用在刀刃上，如何吸引住读者，如何使有限的资源充分发挥效益，从 20 世纪 80 年代中期开始，许多图书馆便不约而同地在开展特色服务方面寻找突破口。我国公共图书馆界关于图书馆的特色服务以及更进一步升华为特色图书馆的实践探索，便是在这一时代背景下产生的。集中力量在读者需求相对突出、集中的某一方面建立自己的特色，形成自己的优势，做到"人无我有，人有我优"，是图书馆在现实条件下可以办到且行之有效的办法。特色图书馆也是随着读者的需求变化而产生发展的，它使得公共图书馆呈现出一种向专业化发展的趋势。

应区分"特色图书馆"与"图书馆的特色"这两个概念。这些年来，理论工作者普遍强调图书馆要办出特色，包括图书馆的藏书特色问题、图书馆的建筑特色问题、图书馆的管理特色问题、图书馆的人才特色问题等。但这种特色只是各图书馆内局部的变革，因此我们不能将这种现象称之为"特色图书馆"，称之为"图书馆的特色"，更为妥帖。无论是从理论上还是在实践中，办出"有特色的图书馆"和"特色图书馆"都是不能等同的概念，我们不能以偏概全，不能因为一个图书馆在某个方面或某些方面有特色，就将其称作"特色图书馆"。

对于特色图书馆这一概念的提出及界定，目前仍有许多争论，意见并不统一。在这里，我们取一种大家都认同的说法。即特色图书馆是系统组织与管理特定学科（主题、领域）的知识信息，为特定用户群提供特色服务的图书馆。要正确理解特色图书馆的概念，还应从如下几点入手：

### 1. 特色图书馆不隶属于公共图书馆

20 世纪 80 年代中期，我国图书馆事业尤其是公共图书馆事业发展正处于相对低潮时期。公共图书馆为了更好地吸引读者，而开展了一系列特色化服务活动，"馆中之馆""专藏室"等十分红火，"特色图书馆"称谓因此在公共图书馆界频频使用。图书馆特色化，是包括公共图书馆在内的所有图书馆追求可持续发展的新举措。自然，特色图书馆也不是公共图书馆的专利，更不应当隶属于公共图书馆。

### 2. 特色图书馆也绝不是专业图书馆

专业图书馆，即科学与专业图书馆，亦称专门图书馆。社会教育与科研的需求，是专业图书馆存在的前提，而这种需求无疑是巨大的，因此专业图书馆的数量极多并且自成体系。即使是同一专业的专业图书馆，在全国也构成了本专业信息资源共建共享的图书馆网络。而特色图书馆是特别的或特殊的图书馆，是以特色馆藏资源为特定对象进行特色服务的图书馆。显然，特色图书馆与专业图书馆有质与量的区别。

### 3. 特色图书馆不等于图书馆特色化

特色图书馆是指有"特色"的图书馆，是独特的而不是普通的图书馆；图书馆特色化是指普通图书馆在某方面具有特色。因此，特色图书馆是全国或全球数量极少的个别化图书馆；图书馆特色化则是图书馆为了更好地为公众服务，追求在某一方面的特色化建设，所有的图书馆都能够而且应当力所能及的实现"特色化"。

### 4. 特色图书馆相对普通图书馆而存在

多元经济、多元文化，必然要求多元的图书馆。社会分工向专业化方向发展，公民对图书馆需求日益多样化。图书馆类型，在不同国家、不同时间和不同情况下有不同的划分方法，一般以如下标准来划分图书馆类型：按隶属关系、按藏书成分、按读者对象、按主要任务、按所有制等。但特色图书馆不是按这些标准划分的，而是以图书馆的功能与作用为标准划分为具有普通功能与作用的普通图书馆和超常规功能与作用的特色图书馆。特色图书馆是一个"独立""独特"的图书馆，用"特殊图书馆"或"特别图书馆"称谓或许更为恰当。普通图书馆，尤其是公共图书馆，是保障公民平等地享受教育权利的公益性组织，因而不可避免地会存在"千馆一面"的现象；特色图书馆是以特定服务对象为目标，因此拥有独特的馆藏、服务对象和服务方式，特色图书馆不可能也不应当代替普通图书馆。

特色藏书与特色服务是特色图书馆工作的核心。藏书之特殊主要表现在它系统、全面地收藏特定学科（主题、领域）的文献信息，做到一新二用三适用。它强调文献信息类型的齐全，注意各种载体的收藏。尤其是为了配合科研、生产实验，它在收集文献资料的同时，还要求对相关实物的收藏。

服务之特殊主要表现在要突破传统服务模式、服务范围，要取得独特的服务效果。这种服务除了通常的借还、定题服务、跟踪服务、参考咨询之外，还要求根据其条件和需要，参与其中，与科研、生产融为一体，如医药图书馆可同时设立医疗门诊、医疗咨询点等。通过利用图书资料与实际运用相结合，进行研究和实验，这种服务在某种程度上已不是为他人作嫁衣，而是在为自己服务，因此，它应该是更加主动地服务。

特色服务需要专门人才，也为专门人才的培养提供了机遇和环境。专门人才的培养导致了服务方式的改变，服务水平的提高。图书馆的"特"，服务对象的"广"，藏书的"精"，人才的"专"，成效的"显"，互为因果，互相促进。从外界讲，它们可以丰富读者对公共图书馆的认识，增强读者对图书馆服务的信心，从而扩大对图书馆凝聚力的影响。

## （三）图书馆教育职能的体现——远程教育

教育职能是社会赋予图书馆的基本职能。学校教育只能伴随人生的某一阶段，而图书馆提供的教育则可以贯穿人生的每一个驿站。在21世纪的今天，面对知识经济的时代，面对急需终身教育的学习型社会，面对与"信息社会"具有同等含义的"网络社会"的出现，面对我国教育资源的短缺，必须大力兴办现代网络远程教育。图书馆应该肩负起历史的使命，抓住这一有利时机，扩展图书馆的教育职能，大力开展现代的远程教育，带动图书馆网络化、数字化建设，以求在信息社会中占据举足轻重的位置。

治学离不开图书馆，现代网络远程教育的实质，是教育者与被教育者之间的知识传递和信息交换，其成功取决于教材、学习辅导材料、传递和交流手段以及技术应用等。对此，图书馆与远程教育不谋而合，它在资源、技术、设备、场所上有着得天独厚的优势，其前景是令人鼓舞的。

1. 现代图书馆在远程教育中的作用

长期以来，图书馆对大量的文献资料进行收集、整理和存储，将知识和信息组织化和有序化，形成丰富而有特色的文献信息资源，这是其他的社会机构所不能比拟的。这是一方面。另一方面，虽然在网上能获得的用于远程教育的文献和信息越来越多，但由于网上的信息来源复杂多样，有价值和无价值的资源混杂在一起，真实性和可靠性无法保证，而且网上信息组织化程度不高，基本上是处于一种无序化状态，对于那些没有学习过信息检索的人来说，想要准确快捷地检索到所需的信息，反而是越来越难了。而传统图书馆的职能之一就是对知识及信息进行组织和整序，因此图书馆不但能合理地筛选和组织网上的信息，而且能对信息用户进行检索能力的培训。基于以上两个原因，图书馆必然会成为信息交流和传递的中心所在，成为远程教育中的重要支撑体系，对推动我国教育及信息化进程起到相当积极和重要的作用。图书馆在远程教育中应起到如下几方面作用：

首先，是信息的组织和整序。我们知道能够成为远程教育信息资源的有三种：一是本馆的馆藏信息。二是利用资源共享，共享到其他大学图书馆的数据库。三是互联网上的所有信息。图书馆应当用科学的方法和技术组织这些信息资源，要尽快从大量信息资源中收集和筛选出对用户最有价值的信息，把无效的知识排除掉，使其成为真正的资源，并使之有序化，充分为用户所用。

其次，现代图书馆在远程教育中还可以提供信息服务、文献及信息的发送、创建本馆的主页进行服务、聘请学科权威开展在线讲座和在线咨询、开展有特色的网络导航服务。

2. 对信息用户进行信息素质的培养

对于部分信息用户来讲，网络还是一个相当新的环境，要达到自如地运用检索工具，查找特定内容还存在着一定的困难。因此，必须对信息用户进行信息素质教育，使其掌握网络信息的知识，基本的检索、选择、评估方法和技巧，以及常用的信息资源，使其既要知道信息资源的所在，还要知道如何去获取。

### 3. 图书馆远程教育面临的问题

远程教育的技术性引发的图书馆自动化问题。图书馆的远程教育要求图书馆必须实现自动化。图书馆的自动化可划分为数据库建设和网络建设。数据库建设首先应当注意要先用一套功能先进又经济的数据库建设软件，其次应当注意图书馆员在建库时不应只求速度不重质量，一定要把数据库建得规范化和标准化。网络建设离不开高性能的硬件设备和传输速率高而收费低的通信线路。而在我国目前情况正好相反，是上网交费高而传输速率低。因此，我们应当争取更多的资金支持，加大对图书馆网络系统建设的力度。

图书馆远程教育的开放性引发的知识产权问题。远程教育和文献资料的数字化已经成了未来发展的必然趋势，可是以数字化为核心的信息技术都对知识产权制度提出了严峻的挑战。图书馆远程教育的过程中涉及知识产权的大致有两方面：一方面是图书馆对文献资料进行数字化，事实上是一种对作品的复制行为，既然数字化属于复制行为，那么归属图书馆在复制时就应得到著作权人的允许。因此，图书馆在制作数据库时应处理好与其版权所有者的关系。另一方面，在图书馆建立起数据库之后，也应注意其他人或机构非法利用图书馆的数据进行商业活动。但是，我国著作权法及实施条件中尚未对数据库问题做出专门规定，由于世界各国在数据库问题上利益不同，意见也不一致。因此，高新技术尤其是数字化技术已经使知识产权陷入了前所未有的复杂关系中。值得期待的是在国家自然科学基金项目"高新技术知识产权保护及其对传统知识产权制度的影响"的研究中，建立了知识产权与社会公共利益，包括知识产权与图书馆、公共信息机构、教育与社会公众之间的利益等平衡问题，已被当作重点研究的目标。

服务是图书馆存在的理由，而服务质量的提高则需要不断地进行创新。我们要用"一切为了读者"的服务理念，用网络化、数字化、个性化、国际化的发展理念，来重新审视图书馆现有的服务理念、服务内容、服务布局、服务流程、服务方式、服务设施、服务戒律、服务行为、服务形象。我们在日常工作过程中应多问一下为什么这样做或必须这样做，多思考一下目前这样做是否以读者为本，是否方便读者，是否能够满足读者的需求，是否能够引领读者走向未来。这种思维角度的转换和创新，必然会给我们许多有益的启示和发展的动力。

# 第六章　图书馆服务创新

## 第一节　大数据时代图书馆服务的变革与创新

大数据开启了一次重大的时代转型，正在改变着我们的生活及理解世界的方式，成为了新发明和新服务的源泉。在信息指数级发展的大时代，变革数据思维显得尤为重要。"互联网＋"的广泛应用，使得大数据如虎添翼，渗透到社会的各行各业，成为时代的主旋律。在此背景下，图书馆作为传统行业，机遇与挑战并存，只有顺势而为，让图书馆资源建设和用户服务插上"互联网＋"的翅膀，漫步云端，才能在变革中求生存、图发展。

### 一、大数据与"互联网＋"概述

#### （一）大数据及其特点

随着互联网、移动互联网、物联网的高速发展和移动通信技术的快速进步，人类的知识信息快速增长，大数据概念也直运而生。2011 年 5 月，麦肯锡正式提出了"大数据"概念，将其定义为无法在一定时间内用传统数据库软件工具对其内容进行采集、存储、管理和分析的数据集合。而大数据的 4V 特征，即 Volume（数据体量巨大）、Variety（数据类型繁多）、Velocity（处理速度快）、Value（价值密度低）亦被业界认可。大数据时代，靠"概率说话，而不是板着'确凿无疑'的面孔"，我们必须做出改变，以大数据的战略眼光，重新审视这个世界及我们从事的行业，对行业数据进行深入挖掘与分析，做出更加有效的判断和决策。

#### （二）大数据与图书馆

图书馆作为人类文化信息的保存场所，在保持传统服务模式的同时，还有很多图书馆亦十分重视信息技术的应用。长期以来，图书馆已进行着大数据的积累，如各种电子资源的积累及智能手机、移动图书馆、微信等的普及，给图书馆提供了海量数据，并呈快速上升趋势，云计算、RFID 等新技术的应用和发展，为大数据提供了广泛的来源。大数据的兴起，无疑给图书馆的传统服务带来了挑战与机遇。如何把握机遇，关键在理念更新，思维变革，服务创新，特别是"互联网+"的广泛渗入。在变革与创新中求发展，成为当前图书馆面临的重要任务。近期，各高校及公共图书馆纷纷发布相关大数据，分析读者的借阅行为，旨在以数据发声，全面合理配置资源，改进阅读体验，提升服务质量。

### （三）"互联网+图书馆"

互联网的出现是人类通信技术的一次革命，作为一种传媒，它改变了人类信息文化的传播与交流方式。一直以来虽无"互联网+"之名，却有其实，如电子商务、互联网金融、在线影视等行业都是"互联网+"的杰作。随着互联网技术在各行各业的逐渐渗透和广泛嵌入，在2012年11月召开的易观第五届移动互联网博览会上，于扬首次提出了"互联网+"的理念。他认为，"今天这个世界上所有的传统和服务都应被互联网改变"。"互联网+"，即"互联网+传统行业"而"互联网+图书馆"正是图书馆这一传统文献信息服务行业与互联网技术的深度融合，为图书馆服务带来了新的发展生态。

## 二、高校图书馆发展现状与困境

在大数据时代"互联网+"环境下，高校图书馆自身发展因不同的历史背景，各有差异，其面临的发展困境主要体现在以下几个方面：

### （一）供求失衡，用户流失

高校图书馆是学校的文献信息资源中心，随着互联网的冲击，其中心地位被动摇。当前，不论是高校图书馆还是公共图书馆，纸质文献借阅率普遍下降已成不争的事实，互联网带来的电子阅读的冲击无疑是重要因素。在"互联网+"的浪潮下，现代图书馆已步入"图书馆+"时代，而一些高校纸质文献馆藏紧张，更无暇顾及其他多功能服务拓展，服务水平始终难以提升，只能满足读者基本的借阅需求。

### （二）队伍建设举步维艰

高校图书馆，历来是学校各种分流人员的归宿地，因为各种历史原因，馆员构成比较复杂，其中工勤与专业技术人员复杂，学历层次与专业类别各异，大多数是没有图情专业背景，而又缺乏系统专业培训，对图书馆专业知识缺乏深层次的了解，虽然量上目前大多能保证《普通高等学校图书馆规程》规定的50%的专业馆员要求，但辅助馆员及其质量则差距较大。馆员整体素质较低，特别是数据素养与互联网思维和技术方面更是薄弱。随着大数据时代的到来及互联网的深度介入，资源优化整理、信息采集加工与精准专业服务，对馆员综合素质提出了更高要求。目前图书馆普遍存在馆员专业技能不足、综合素质欠缺等现象，给图书馆服务的改革和创新带来了很大的阻力。

### （三）服务理念未能更新

书馆存在的意义在于有人阅读，图书馆所有工作的发点和落脚点应该是人。但长期以来，高校图书馆虽以"读者至上，服务第一"为口号，却秉持着"以书为本"的理念，所有的工作都是围绕着图书来进行，从文献资源的采购、编目到流通，都以文献为中心。图书馆的传统服务方式主要以图书外借、室内阅览等为主，每个部室开放时间和服务方式都具有严格的限制，加之服务人员素质参差不齐，久而久之，读者与馆员、读者与文献资源便产生了距离。"以人为本"以用户为中心的服务理念未能适时应用，制约了服务方式的变革与服务水平的提升。

### （四）学术立馆任重道远

2015 年新修订的《普通高等学校图书馆规程》中明确指出："高等学校图书馆是学校的文献信息资源中心，是为人才培养和科学研究服务的学术性机构。"加强学术立馆，方能提升专业的服务水平，增强在学校的话语权。然而，事实情况并不乐观。由于驳杂的专业背景、松散的学术环境、缺乏学术带头人等原因，大部分高校图书馆科研立项与成果不理想，难与学院相比，无形中被逐渐边缘化，严重制约了图书馆整体发展和个人进步。

## 三、大数据时代"互联网＋图书馆"新服务

大数据与"互联网＋"既是传统图书馆的机遇，也是挑战。因此，图书馆人要变革思维，借助互联网技术，全面改进图书馆从资源到读者服务的模式，树立以用户为中心的服务理念，创新服务方式，提升专业化的精准服务水平。

### （一）树立"以人为本"的全新服务理念

在"互联网＋图书馆"的新理念下，读者获取文献信息的途径多样化，不再局限于图书馆或数据库中，传统的服务方式必须变革、融入用户思维，实现从被动服务到主动服务观念与思维的转变，主动适应并锐意探索"以人为本"的服务方法。一是利用互联网技术，借鉴 Amazon 利用数据而提升销售量的做法，利用读者的借阅和浏览历史数据进行有针对性的图书推送服务，激发读者的阅读兴趣。二是采用 O2O 模式，实行线上借阅配送，有公共图书馆已开始尝试，高校可先在教师中试点，由学生助理馆员负责配送。三是升级学科馆员服务，主动融入学院教学科研，利用图书馆与互联网大数据，来进行信息数据分析，为教学科研提供专业化服务。四是整合高校现有资源，

建立畅通的知识服务渠道，为不同类型读者提供个性化的服务，做到全面专业，让每位读者满意是图书馆人的终极职业目标。

### （二）建立以用户为导向的资源建设模式

在大数据时代，图书馆要借助互联网技术，变革传统资源建设模式，在合理布局馆藏的基础上，树立用户观念，最大限度满足用户需求。各高校图书馆基本都已开通了线上线下的读者荐购模式，电子书商如超星图书系统亦有荐购功能。对纸质图书的采购，在一般的读者荐购的基础上，亦可参照绍兴图书馆的做法，与书商、大型书店合作利用"图书馆＋书店"模式，读者直接从书店选书，进入采购流程。对电子书而言，可采用"用户驱动采购"模式，图书馆提前预设条件，根据读者行为触发订购。同时，作为专业馆员，还要积极挖掘用户借阅信息，分析借阅行为，进行合理馆藏。

### （三）打造高素质创新管理服务团队

人才是决定图书馆服务的关键性因素，在"互联网＋图书馆"的模式下，要对服务体系进行改革和创新，就必须培养创新型图书馆服务与管理人才。一要变革观念，让每一名馆员认识到在大数据时代下进行图书馆服务创新的重要意义。二要加大对现有馆员专业系统的培训力度，使广大馆员掌握互联网新技能，能够适应"互联网＋"新环境的服务方式，并且在不断的实践中更新知识体系，全面提升职业精神和专业水平。图书馆及学校教师培训部门应创造外出系统培训学习的机会，营造和谐的发展环境，拓宽与同行交流的平台。三要引进相关人才，构建管理服务梯队，图书馆管理者要考虑专业或行业背景，保持适当的延续性。四要重视学术立馆工作，以科研促进专业理论水平和实践技能的提升，带动学术团队建设，打造一支数据素养与互联网专业技能过硬的队伍。

### （四）加大基础投入实现跨界多元服务

大数据时代"互联网＋图书馆"的发展，首先是技术设备的投入，要加大存储设备、服务器更新升级及相关技术设备的配套等，如采用 RFID 图书馆智能系统，实现图书的自动盘点、自助借还、区域定位、自动分拣等功能，有效改进图书管理方式，解放人力，提高工作效率，使馆员有精力与时间投入到其他的专业技术服务中去。其次是空间环境的投入。"互联网＋"的理念带来了"图书馆的概念产生，即图书馆跨界服务。未来的图书馆将变成集信息服务、学习、休闲与交流综合性服务机构，如教师项目研讨室、学生读书交流室以及"图书馆＋咖啡""图书馆＋书店""图书馆＋制作室"等服务将在图书馆占有一席之地，只要用户有需求图书馆就应尽力满足，充分体现"以人为本"的服务理念。

### （五）完善数字馆建设实现资源共享

数字图书馆是没有围墙的图书馆，是对传统图书馆的颠覆，随时随地，只要有网络的地方，就有图书馆，极大地方便用户的阅读，使读者碎片化时间的利用率得以提高。目前，各馆通过自建、购买与共享等方式，积累了大量数字资源而各种新媒体服务的推广应用，更使得数字阅读如虎添翼。正如阮可指出的，传统图书馆如果运用互联网思维，将馆藏资源进行数字化转化，把图书馆拓展成为海量的数字文化综合体，就有可能实现从静态到动态、从单向到互动、从平面到立体的转身。利用互联网的机遇，整合一切资源满足读者需求，共享绿色发展之路。但目前各高校在资源共享方面都不能令人满意，资源藏用理念传统，变革数据共享观念迫在眉睫。高校不仅要共享电子文献资源和信息技术，而且还要共享成功经验，可以借鉴先行者 FULink（福州地区大学城文献信息资源共享平台）等的共享模式，构建了大学图书馆资源共享平台，让阅读无处不在。

### （六）开展"数字记忆"存档挖掘服务

大数据时代，图书馆竞争在于数据总量及对数据挖掘和分析应用能力的竞争，因此，作为高校文献信息中心的图书馆，要重视挖掘整理潜在有价值的信息，并做好整理归档的工作。大英图书馆 2013 年 4 月公布了一项存档计划，以大英图书馆为首的六所图书馆，将记录所有英国网站、网络新闻、博客与电子书，以保存该国的"数字记忆"，包括 Twitter 和 Facebook，赶在网页丢失前存起来供后代了解真实的 21 世纪。对于高校而言，每天都在产生大量的教学、科研、管理、宣传等数据信息，如不注意保存，将随时有可能淹没于快速发展的知识洪流中。图书馆应肩负起存档重任，重视大数据的积累、保存与整合利用。这是大数据时代赋予我们的机会与使命，图书馆人应该有所作为，行动起来，追寻职业价值。

## 第二节　新技术在图书馆服务中的应用

信息技术的快速发展极大地改变了用户获取信息的方式，也影响着包括图书馆在内的信息服务行业的发展趋势和服务模式。国际图联趋势报告对图书馆行业发展的总体预测，其中第一条就是关于技术，关于技术的趋势预测主要包括：网络是图书情报服务的主战场；数据是图书馆资源的基本类型；智慧图书馆成为了新的建设目标。由此可见，新技术的出现和发展不可避免地给图书馆信息服务带来深刻影响。当前网络挖掘技术、Beacon 技术、AR 技术和 3D 打印技术的快速发展，给图书馆服务带来根本变化。

## 一、网络挖掘技术的应用

在新的转型变革期，图书馆信息化、知识化服务的本质并没有发生根本性的变化，变化的只是服务的模式和路径，图书馆需要以网络化、数字化的方式渗透到满足用户信息化、知识化需求的方方面面，以推动整个社会的文明化进程。网络是图书馆情报服务的主战场，完善基础设施建设、构建信息互联互通的传导机制、扩大信息交流面、提升服务效率是数字信息化时代图书馆创新服务的基础。数据是图书馆资源的基本类型，包括两层含义：一是电子数据成为图书馆知识化服务的主要载体内容，电子书、电子期刊、数据库在馆藏中的比例将呈现不断攀升的趋势；二是与用户相关联的数据同样是图书馆资源的重要组成部分，图书馆应该能够应用大数据、云数据、数据挖掘技术充分挖掘其价值，探索新的服务创新契机。

在公共图书馆服务中的具体应用表现为 3 个方面：①构筑高速的信息服务网络，以图书馆门户网站和信息系统作为用户服务的主要平台；②以文献目录数据库为基础，建设知识服务数据库，统筹自有和共享数字资源，提升了知识服务能力；③以原来的读者数据库为基础，深度挖掘用户阅读偏好和使用习惯，形成了读者大数据，一方面便于图书馆开展资源建设，另一方面利于图书馆进行用户精准服务，提高信息服务水平。

## 二、Beacon 技术的应用

智慧图书馆预示着图书馆信息知识服务的智能化发展，智能化、智能型发展将是图书馆转型发展的核心任务，而 LBS 地理位置服务则是智能图书馆建设的基础。LBS通常包括两个步骤：一是图书馆利用智能定位技术精准地确定移动终端设备或用户所处的地理位置，提取用户相应的需求信息；二是图书馆依据所提取的用户需求信息为其提供个性化的服务。由此可见，LBS 的顺利实施通常需要以下条件：①移动终端设备的普及和移动网络的全覆盖；②基于用户地理大数据的挖掘和服务创新。Beacon 技术则是 LBS 地理位置服务实现的有效技术，其通过配置的低功耗蓝牙（BLE）通信功能的设吾使用 BLE 技术向周围发送自己特有的 ID，接收到该 ID 的应用软件会根据该 ID 采取一些行动，可用于室内定位、馆内导航、个性化位置推送等。Beacon 技术应用于图书馆服务带来的显著变化就是可以实现读者基于地理位置的个性化信息服务。例如，根据读者所在的空间进行智能化检索和推荐、进行定制化信息推送、联系附近的馆员寻求帮助等。

## 三、AR 技术的应用

随着计算机图形图像技术和空间定位技术的发展，以及部分移动终端上全球定位系统、重力加速计和电子罗盘等功能模块的实现，增强现实（Augmented Reality，AR）技术日渐成熟，应用场景和领域也越来越广泛，随着将 AR 加持到用户移动终端已成为现实，图书馆能利用 AR 技术开展用户阅读和使用体验，让用户对图书馆空间和资源都有更直观地了解，这是互联网背景下图书馆强调用户体验、注重用户服务的典型案例。

具体而言，AR 技术前期应用在图书馆阅读体验、图书推荐和体验游戏 3 项工作中。① AR 图书最大的特点就是场景的真实性，流动的河流、立体的房屋、逼真的人物，将抽象的实物生动展示，把枯燥的知识变得生动而有趣。AR 图书可以放在图书馆展示厅，一方面充分展示了图书馆引用前言科技的态度，另一方面也有效地激发读者的好奇心，提升用户的阅读体验。② AR 技术可以支持用户实时地查阅阅读评论，用户扫描该书时，他就能查看前面读者的阅读心得和评论，随着越来越多评论的产生，用户就能更全面地了解此书，这种用户之间隐性知识的交流，有助于读者产生更多创造性的理解和知识。③游戏服务已经得到了越来越多图书馆人的关注，而 AR 技术则能让图书馆的游戏服务变得更加生动和逼真，通过游戏让读者了解图书馆、关注相关资源并接受信息素养培训。

## 四、3D 打印技术的应用

近年来 3D 打印技术作为新工业革命的代表技术得到了飞速发展，被广泛应用于多个领域。3D 打印技术有效地支持了创意的可视化，通过原型制作助力技术创新，而在教育领域，由于 3D 技术支持用户自主创意和创新，在创新意识和技能培训中倍受欢迎，创客教育已将 3D 打印技术列为基础支持技术。随着全社会对创新的推崇，包括图书馆在内的知识服务机构也越来越多地开展或从事创客教育，越来越多的国内外图书馆均建设了创客空间，推动创客教育，引导和鼓励用户开展创新。具体而言，一方面，图书馆可建立专门的创新创意工坊，让读者通过 3D 打印机等设备将自己的创新创意想法变成可视化实物，逐步帮助学习者培养以解决问题为导向的创新思维模式；另一方面，图书馆可借助 3D 打印技术，方便馆员和图书馆志愿者开展图书馆服务设计、空间再造等工作，充分挖掘隐藏在个体中的隐性知识、促进隐性知识的社会化与显性化，让图书馆更有力地承担起知识服务的责任与使命。

科学技术是第一生产力，信息技术的迅猛发展推动着经济革新、文化革新、教育革新的进程。科学与信息技术的飞速发展极大地改变着公共图书馆服务的外部环境，重塑着公共图书馆新的服务发展趋势。阮冈纳赞的《图书馆学五定律》告诉我们，图书馆是一个生长着的有机体，这就意味着，公共图书馆只有随着外界环境的不断变化，灵活调整、转变其固有的结构形态、服务模式，积极应对先进科学技术为其带来的挑战，才能真正成为不断成长的有机体。公共图书馆在关注这些技术发展的最新趋势时，必须明确技术是一种手段、一种工具，技术只有在与具体解决方案、服务内容相结合时，才能真正地发挥其效用。因此，图书馆在服务创新的过程中，需要能够将这些技术灵活运用于具体服务实践中，提升服务效率，拓展服务领域，丰富服务内容，优化服务体验，强化服务效能，确保图书馆对所有用户深层次需求的满足。

# 第三节　图书馆服务创新动力机制

动力是推动事物运动变化的因素，多种动力因素关系的组合就形成了某一事物运动发展的动力机制。所谓图书馆服务的创新动力机制，是指在图书馆服务过程中，以提高图书馆核心服务能力为中心，以满足用户信息需求与现实问题的解决为目标，通过重组图书馆服务创新动力因素而形成的一种推动图书馆服务质量与服务效率持续不断提高的内外因素的有机组合形式。

只有解决了动力机制问题，图书馆才可能积极培育自身的服务创新能力，才可能认真解决好运行中的一系列问题。因此，研究和建立起我国图书馆服务创新的动力机制至关重要。

## 一、服务创新动力机制的理论研究

### （一）服务创新的基本动力理论

在技术创新领域，对于技术创新的动力已经有了很深入的研究，比较重要的驱动力包括技术推动力、需求拉动力、政府行为推动力、企业家创新偏好等。然而，技术创新学说一般只强调某一种驱动力的作用，而对于其他的驱动力却有所偏废。在服务创新的现有研究中，人们发现服务创新的不同动力之间存在交互作用。Enkel 和 Gibbert 等在 2002 年指出，服务企业的创新实际上是四处发生的，有关新产品和服务改进的创意和新知识更多地可以来自研发部门以外的其他员工、顾客甚至是竞争对手。Sundbo 和 Gallouj 提出了服务创新驱动力模型，认为驱动力主要分为外部驱动力和内部驱动力两种，主要包括轨道和参与者，内部驱动力主要包括管理和战略、创新和研发部门、员工三种形式的动力。

王甜和钟宪文对服务创新的内、外部驱动力进行了总结，提出了一个较为系统的服务创新动力模型。在此动力模型基础上，根据不同动力要素的组合提出了 R&D 模式、服务专业模式、有组织的战略模式、网络模式 4 种典型的服务创新模式。目前，服务创新的发展趋势呈现出战略导向性和系统性特征。系统论原理指出，任何系统的良好运行和发展演进都必须获得足够的动力和科学的动力机制。图书馆服务创新首先要明确其动力和动力机制问题。

### （二）图书馆服务创新的动力理论

图书馆服务创新动力主要表现在两个方面，即内源动力与外源动力。内源动力是一种自发的内在力量，存在于图书馆系统内部，产生于图书馆参与市场竞争和进行自我发展的内在需要，以及图书馆对服务创新工作社会、经济利益最大化的追求。具体来说，图书馆服务创新的内源动力是指图书馆服务在新技术的作用下，产生更高质量的服务创新理论、服务创新内容、服务创新模式等，使图书馆的发展优势更加明显。

外源动力是指图书馆建设和发展所赖以生存的外部环境对图书馆的作用力，主要来源于图书馆与社会需求的交互过程中，及政府有意识地对文化产业进行的规划和行为。社会需求和政府行为是影响图书馆外部竞争优势的重要因素，还有社会经济的发展、文化进步等因素，它们衍生出的社会关系，形成了图书馆服务创新的外源动力。

### （三）图书馆服务创新的动力机制类型

#### 1. 服务利益驱动机制

人的行为动力来源于个体满足"自我"和社会的利益，没有某种利益就不会产生某种行为。图书馆服务创新利益是通过服务创新行为所能获得的各方面的满足。包括图书馆通过服务创新对社会带来的公共利益和社会对图书馆的利益回报。服务利益的大小具有诱导和进一步激励图书馆从事服务创新工作的双重功能。只有当服务创新能给图书馆和社会带来实实在在的好处时，图书馆才有足够的动力去进行服务创新。这是图书馆服务创新的根本动力。

#### 2. 社会需要拉动机制

Keegan 和 Turner（2002）认为，推动创新首要的任务是对市场的关注，以及通过教育和帮助用户参与。Srivastava 和 Mansell（1998）认为，客户密集度和参与度是影响服务企业创新模式的两种主要的市场驱动力之一。社会成员和政府组织的信息需求能够形成图书馆服务变革和创新的强大动力。这种拉动机制的形成需要一定的社会经济条件和需求，并因这种条件的不同而表现出明显差异的作用效果。

#### 3. 技术进步推动机制

Keegan 和 Turner（2002）认为，推动创新的关键因素之一是和外部技术组织的良好交流。Kmisisto 和 Meyei（2003）的调查结果显示，信息技术是服务创新的关键驱动力。建立在网络基础上的图书馆信息服务，由于软硬件系统、服务模式与服务手段、服务资源等更是与计算机网络技术密切相关，服务创新所涉及的因素更多、更复杂，因此技术进步的作用机理和作用程度也更加独特。

4. 政府支持促进机制

由于图书馆服务效益显现的长期性，决定了短时期内无法直接观察到图书馆服务在经济社会发展中发挥的作用，因而在文化建设中往往被忽视。政府的介入可以运用到公共财政来保障公共文化服务中，也就是保障了人民群众对公共文化产品的需求，促进图书馆服务创新快速发展。这就是政府支持的促进机制。

上述四种动力机制不是相互孤立、独自发挥作用的，相反，它们之间是相互依存、紧密联系的。只有当几种机制相互配合、共同发挥作用时，对图书馆服务创新的巨大推动作用才能清楚地显现出来。此外，动力机制不是自生、自发的，而是需要一个不断培育和优化的过程。在这一过程中，政府责无旁贷。图书馆则应该从塑造共同愿景、追求长远目标、担负社会责任等方面去培育相应的动力机制。

## 二、图书馆服务创新的对策分析

随着科学技术的发展和信息载体两个要素对促进图书馆发展作用的日益突出，图书馆工作的重心已经由原来的追求藏书数量转移到服务质量上，服务质量提高的关键在于图书馆的服务创新能力。作为信息服务业发展核心源泉的服务创新已经成为图书馆界关注的焦点。然而任何一项事物在其发生、发展、壮大的过程中都会遇到各种阻力。目前在我国，制约图书馆服务创新的因素较多：一是基础薄弱。表现在创新理念相对落后，多数人员对图书馆服务创新的内涵和作用认识不清；服务设施和技术相对落后；人才严重短缺；信息源危机。二是管理机制滞后。我国图书馆大多属于事业单位，有各级政府和上级主管部门主办或主管，业务工作脱离经济主体，形成了图书馆之间条块分割、各自为政的管理特点，造成宏观管理上的无序，导致图书馆事业发展缺乏生机和活力。三是图书馆服务需求不足。一方面是由于社会信息化程度发展不均衡、公众图书馆观念淡薄、图书馆精神缺失造成的。此外，服务宣传力度不够、服务内容单一、用户满意度低等都困扰着服务创新的开展。针对这些问题，根据图书馆服务创新动力机制的要求，可以从以下几个方面寻求突破：

### （一）通过市场细化，奠定图书馆服务创新的市场基础

现代服务业发展，首先是取决于市场需求的驱动。图书馆要注意分析现有的信息服务环境，寻找与本馆的任务、目标、资源条件等相一致的细分市场，及时地进行市场营销研究和信息收集、市场测量和市场预测工作，要在制定图书馆服务创新规划、

树立图书馆服务创新理念、选择服务创新模式等各个方面下功夫。充分利用图书馆信息资源的特有优势，通过馆内机构改革和业务重组，积极开发个性化服务、集成化服务和特色化服务等新型服务项目。加快培育和拓展信息市场，以最大限度地实现图书馆的根本目的，提高自己的服务竞争力。

### （二）通过现代技术运用，形成图书馆服务创新的技术基础

图书馆的发展是与信息技术密切相关的，信息技术不仅决定着社会信息量的大小和信息载体的物理形态，而且决定了图书馆进行信息加工和开展服务所能采取的方式。对图书馆来说，当前的主要任务是及时引入新技术。最为关键的技术是数字图书馆技术，它是信息技术在图书馆应用的集中体现。支撑着图书馆现有的信息平台资源、网络资源以及信息服务技术的应用基础，充分利用资源数字化技术、超大规模数据库技术、多媒体信息技术、数据压缩技术、存储技术、迁移技术、安全技术、数据仓库技术、挖掘技术、自然语言检索技术、网络传输技术等现代数字技术，为图书馆提供了一体化的信息服务创新解决方案，逐步将图书馆公共信息平台打造成与国际接轨的信息服务引擎和枢纽。

### （三）通过合作共享，优化图书馆服务创新的资源基础

一是我国图书馆界要做好集约经营、系统调控，充分利用各馆在服务、技术、产品、市场上的优势，建立以效率为核心的共享合作机制，发挥聚集优势、竞争优势和规模优势，全面提升图书把各级各类图书馆打造成国际信息服务平台上的一个节点。二是开展与相关信息服务商的跨界合作。这种合作就是考虑与 Google、Yahoo 等搜索引擎的跨界合作，让用户能够直接获取网站中知识性、学术性内容而不局限搜索引擎的表层链接。这种跨区域跨界的合作共享将成为图书馆服务创新的新内容和新推动力借助网络信息技术，图书馆和信息机构及组织之间的业务关系日趋融合，为在合作中促进服务的创新和质量的提高奠定了坚实的信息资源基础。

### （四）通过网络化架构，培育图书馆服务创新的组织基础

一是加大图书馆的培育和引进外部人才的力度，并制定相应的措施，如建立人才分享技术开发成果的奖励制度、提供必要的国内外培训机会等留住人才。二是培养和造就有服务创新能力的图书馆管理者。图书馆服务创新的创造性、不确定性决定了其管理本质上是一种非程序化的决策。这就要求作为图书馆信息服务主体管理者的图书馆长必须有眼光，有胆略，有管理能力，并善于运用和组织社会资源，实现服务创新要素的有效配置。三是充分发挥各级图书馆协会的协调、组织、服务、监督等方面的作用，要注重协调发展，完善现代图书馆的社会化网络关系，通过组织行业性活动提高图书馆服务创新整体水平和竞争能力。

### （五）强化图书馆服务创新发展过程中政府的作用

政府在图书馆事业发展中的重要作用，就是制定保障图书馆事业发展的完善的图书馆法律，制定并实施科学、合理的产业政策，更好地引导图书馆的外源动力机制与内源动力机制相配合。在制定推动图书馆事业发展相关政策的过程中，要认真进行行业诊断和政策评价，辨识图书馆服务中的优势和不足，研究图书馆发展的动力机制及作用规律。要建立科学的政策评价体系，根据评价结果针对图书馆发展中的不足进行调整、补充和完善。从政府的政绩观和满足人民群众基本文化需要的紧迫性出发，政府主导下的图书馆服务创新一般都会以一种非常快的速度推进，在较短的时间内达到一定的规模、质量。

图书馆服务创新不是盲目地进行改革和变动，而是有深刻的实践动因，必须以相关理论为指导，有的放矢地讲创新，才能使图书馆服务创新更科学、合理，更能体现其实用价值。

# 第四节　图书馆空间再造创新服务

随着时代的变革与发展，图书馆服务模式从单一走向多元已成为历史发展的一种必然趋势。如何在新时代中更好地发挥图书馆的服务功能，凸显图书馆的社会地位，服务更多的人群，提高图书馆的核心竞争力，进行图书馆空间再造是一个可探究的方面。目前，已有不少图书馆在进行了这方面的尝试，从最初的信息共享空间（IC）扩展为学习共享空间（LC）、研究共享空间（RC），现在又扩展为创客空间，图书馆的空间再造从很多方面重新定义了图书馆。

## 一、图书馆空间创意化

从传统意义上讲，图书馆是读者获得文献与信息的地方，但图书馆不仅仅是人们获取信息的场所，而且也是一个公共空间场所，可以满足人们获取知识、信息的同时，还能将其转化为社会可创造价值，因为人们可以在此交流、创建新的关系，甚至激发新的灵感，创造更多的社会资本。简言之，图书馆空间创意化，不仅能让人们从中获得信息资源，更能感受文化的场所氛围，体验一种新兴的生活方式，让人们爱上图书馆，使图书馆成为人民生活中一个必需的场所。

## 二、图书馆空间再造机制与策略

现代法国思想大师列斐伏尔认为空间作为一种社会关系，不仅被其支持，而且也生产和被其生产，且当空间被定义为一种使用价值时，社会的转变就已预设了空间的拥有与集体管理。参照此理论的阐释，通过对公共图书馆物理空间的去中心化，以反对数字图书馆时代虚拟服务空间的单一化等现象与问题的揭示，有关公共图书馆空间再造的思考与探讨成为一种可能性，乃至必要。

### （一）虚拟空间与实体空间相结合

依据现在科技发展的趋势，图书馆界也提出了"图书馆泛在化"的理念，其最明显的特征是不受空间的约束，服务无所不在。因此，图书馆为用户提供的服务项目和服务手段乃至服务场所都在不断拓展。如无线上网的自由空间、智能互联的泛在阅览、24 小时的自助借阅、智能载体的现场体验、数字媒体的融合平台大屏触控的信息幕墙等等。图书馆可以通过虚拟的网络化的方式随时随地为用户提供服务。在"互联网 +"、云媒体下，图书馆之间的合作也不再有地域之分，建设和服务都是可以共享的，用户可能在不知不觉中就享受到了图书馆的数字文献保障服务。

现在的读者到图书馆已经不仅仅为了借书、看书，他们可能只是想利用一下图书馆的无线网抑或者做一些智能体验等，这些都体现了图书馆的价值，成为吸引了用户来利用图书馆的一个理由。

### （二）分众细化，开设个性化的交流空间

作为一种现代网络环境下的新型图书馆服务机构，图书馆可以设置家庭作业区、学前儿童托儿所、不同类别的教育和职业培训课程，打造各类用户需求的个性化场所。例如，伦敦的"概念店"，它不仅强化了社会教育这一主要目标、主要职能，而且还根据不同人的不同需求细化服务模式，利用图书馆这一拥有大量的信息资源、教育设施和舒适环境的理想场所为民众提供不同的服务。由此可以延伸出更多的个性化交流空间，如老年人阅览区、少儿体验区、数字化服务区等。另外，近几年渐渐普及并有所延伸的共享空间，为读者提供场地、网络及工具，让兴趣相投的读者聚到一起，激发其创意设计的灵感，读者也可以将各种创意工具带到图书馆进行交流、切磋。

无论是新馆空间设计或是旧馆空间改造，要建造成新型图书馆，都应该是利用现代化的科学技术条件，分众细化服务模式，以人为本，为读者提供更加人性化的服务。

### （三）体验互动，引入 VR 技术拓展现实空间

体验互动理念与第三空间理念是相互联系的，是在"互联网 +"的新环境下产生的一种新的认知，需要一定的技术作为支持。新技术不仅让图书馆在服务内容和服务

方式上有革命性变化，也加深了用户的参与程度，而互动空间更是强调一种图书馆与用户的交流，图书馆不仅可以给用户提供信息，并可以从用户那里实时得到信息反馈。

体验互动空间不仅可以让用户有舒适感、归属感，而且还可以自由、平等地提供各类新科技体验。图书馆不仅能提供现实空间中的讲座、展览、研讨、竞赛、共同阅读、自助服务、志愿服务等的体验互动，还可以提供网络空间的数字冲浪、微信接力、粉丝点评、远程咨询、个性推送、视频欣赏、图像传递、网络直播、多屏融合等的体验互动。

近年来，由于虚拟现实技术与各种现有的多媒体技术进行有机结合，发展迅速。基于网络环境的虚拟现实图书馆是虚拟图书馆的延伸，作为新技术在图书馆应用后形成的新形态，延伸了图书馆网络服务，拓展了图书馆的现实空间，是图书馆虚拟信息资源馆藏建设的组成部分。VR 技术通过有机组合形成了虚拟现实图书馆特有的三维可视化实时控制的最终结果，可用于图书馆管理、图书馆第二课堂教育、图书馆学科馆员制度等方面。

# 三、图书馆新空间未来可发展的趋势与思考

未来图书馆服务将从单一借阅空间向交流分享空间转变，从产品思维向用户思维转变，从被动服务模式向主动服务模式转变。未来，用户来到图书馆，不仅因为它是一个场所，更重要的是因为图书馆为他们提供了一个既可以阅读又可以与人分享、交流的场景，以及场景中自己浸润的情感，用户的需求大多也都将来自于场景。

因此，如何为用户提供需求的场景将成为图书馆未来空间规划的侧重点。

## （一）图书馆空间再造变化趋势

### 1. 更加注重人的需求

未来图书馆将更加注重人的需求，从过去为藏书、设备及其相应设施而设计向为人、社区及其交流创新而设计的方向发展。图书馆的空间再造要以人为本，将服务定为立馆之本。图书馆融入社区也是一个趋势，图书馆与社区资源相融合，促进了社区的知识分享、情感交流，激发社区的活力，说到底最根本还是在图书馆所在的辖区内为更多人提供服务。另外，灵活的内部空间可以根据个人研究和团队工作的特点自由转换，使得图书馆功能得到延伸。这些都值得国内图书馆借鉴。

### 2. 更加关注技术与服务的有机融合

纸质图书馆的原始形态是古代的"藏书楼"，"藏书楼"仅仅是建筑学概念上的"馆舍"，主要功能体现在以藏为主，和公众见面的概率很低，强调的是图书馆的典藏与记忆功能。现代图书馆的功能从储藏、流通到发布等均有质的飞跃，最为突出的是典藏

与信息的传播功能得到了重大的提升，强调的是公众阅读获取信息资源的次数和信息在使用过程中的价值增值。"互联网＋"新技术的出现更加强调了网络技术是被广大读者最有效地利用信息，如 VR 技术充分调动了人机互动、可视化操作中人的主导作用和兴趣，主动发掘人思维的潜能。Web 3D 技术的应用可模拟出虚拟场景，只要有互联网，人们可不受时空限制，体验到像在真正场景中游览一样，查看周围的环境信息。再者，通过 VR 技术等现实科技让中华古籍能够化藏为用，产生更大范围的影响。

因此，在互联网背景下，依托新媒体等新技术，提供各种学习空间，让民众享受更多的文化便利，方便民众自主学习是未来图书馆空间再造的一个重要的立足点。就技术发展而言，从基础的数字图书馆，到 App 自媒体平台，再到 MOOC 线上教育等学习平台，技术手段的革新也催化了图书馆空间的变革，图书馆最终成为了一个独特的文化频道与学习交流平台。

### 3. 更加注重图书馆的可获取性和可接近性

图书馆的建设应该放到大的社会背景下，作为城市基础设施的一部分。这样图书馆的活动空间会大很多，相应的职责也会随之变化，不会像以前藏书楼时代，只有保存、收藏功能。因此，图书馆必须转型，要为每一个市民和每一个组织提供城市发展所需要的知识和信息，激发出市民的创造力，为城市经济发展增添动力。如芬兰赫尔辛基市图书馆的"城市办公室"的成功设立，为赫尔辛基市图书馆新馆建设做了很好的实验。该新馆计划呈现为大空间格局，区域之间流线通畅，馆内设有音乐制作室、创客空间、游戏角、研讨室、联合办公空间等，理念是让读者在体验和制作中学习，使广大民众投身其中创造出更高的社会价值，并为推动城市的经济发展做出贡献，体现出城市的活力与多样性。

## （二）几点思考

对图书馆的转型和再造，国内不少图书馆已经在进行尝试与探索，但还没有在图书馆界形成普遍共识。如何为用户提供思想交流、激发创意、支持创新的空间是当前及未来支持社会创新系统优化和公共服务建设任务中的题中之意。

### 1. 搭建多元化学习平台

从阅读学习场所提升为社会学习平台是图书馆的服务转型中很重要的一步，未来图书馆的发展应体现出更大的社会包容性，在包容性服务上创新发展，例如开设各类职业培训公益讲座等各类开创性服务。有研究调查表明，接受过图书馆信息素养教育的学生在学习能力上超过未接受该课程的学生；经常利用图书馆服务的学生优于不利用图书馆服务的学生；信息素养教育有利于提升学生查询能力和解决问题的能力。由此可见，为众多用户提供多元化的学习平台是图书馆空间再造可挖掘的重要改造方向，亦是图书馆在提供创新服务方面值得思考和探索的。

## 2. 服务和管理模式的转变

图书馆建筑要适应当代社会变革的需要，重心由收藏书籍变为交流与分享。《建设明天的图书馆》一书中说：图书馆建筑设计的一个国际化趋势是从为藏书、设备和相关物理设施而设计转移为向更加注重为人、社群效应、经验和创新而设计。在这种趋势下，图书馆不仅仅是为读者提供阅读和自修的场所，更多的是提供人际交流和知识创造的空间。图书馆建筑要顺应这一变化趋势，图书馆的服务和管理模式也要跟着发生转变。评价一个图书馆的绩效应该不再是以借阅量指标为主，推广活动、数字阅读、数字咨询等也与之并列。

空间再造对图书馆来讲是一场革命，就是要对原来的信息组织、管理方式、服务方式和流程进行反思和再造，这是图书馆界面临的一个重要问题。空间再造是一个艰难的过程，也没有一个成熟的套路可走，但首先应该考虑的是如何打破原有的思维模式，转变为服务理念和管理模式。

## 3. 资源整合，提高服务效能

在"互联网 +"和大数据的时代，每天都会产生大量的数据信息，如图书馆系统内本身的数据资源及读者产生的信息资源等，可以说资源无处不在。如何将这些资源进行整合，从而提高图书馆的服务效能是值得思考的。资源整合即充分利用图书馆自身的资源同时还要注重开发新的资源并将两者有机结合。图书馆的空间再造就是将馆内资源与馆外资源整合、交换，实现共建共享的过程。馆内资源整合包括图书馆项目、活动的策划、信息资源的共享以及内部管理的整合等。开发新资源主要是积极主动引进外部的资源并整合，以解决图书馆空间再造与服务拓展中的经费、人员、活动创意与策划等问题。如深圳图书馆在空间再造时，主动引进政府机构、文化团体、专业协会、公益组织和文化志愿者等方面的力量，在丰富新空间服务内容与手段的同时，也为各相关各方提供了宣传场所和服务市民的机会，达到了互利双赢的效果。

# 第七章　县级图书馆读者服务与创新

## 第一节　县级图书馆服务现状与应对

县级图书馆怎样才能够充分发挥公共图书馆的积极作用，是当今县级图书馆亟待解决的问题。

### 一、县级图书馆服务体系基本特征

#### （一）公共性

县级公共图书馆的核心内容在其"公共"二字上，是指图书馆内容服务资源应该为社会全体人民群众所共有。公共图书馆与其他类型图书馆在本质上就是不同的，即公共图书馆的主体是公共部门，并不是他人的私人机构，公共图书馆的一切活动都是以人民群众作为出发点，是为了满足人民群众对信息文化的需求。

#### （二）开放性

公共图书馆是一个面向全社会的信息文化服务机构，其服务对象是社会群众。公共图书馆与科研图书馆、学校图书馆有着本质差别。上述所说公共图书馆的均等性、公益性、公共性就决定了公共图书馆的开放性原则。其主要表现在以下几点：①人民群众进入公共图书馆不需要提供专门证件，也无须任何中间手续。即只要人们走进公共图书馆内，就是公共图书馆的服务对象，都可以阅读馆内资源，这也是公共图书馆给予人民群众的一种基本权利。②公共图书馆有保障群众获取相应的文献信息权利。虽然馆内资源极少部分不对外开放，但是绝大多数的馆藏文献都会向群众开放。

#### （三）创新性

公共图书馆的本质是一种公共服务。既然是服务就离不开创新，可以说创新就是公共图书馆服务体系的核心与基础。公共图书馆是一个公共服务性机构，必须不断创新自身的服务体系，推动公共图书馆服务机制改革创新进程。公共图书馆应向企业学习现代化管理模式，制订公共图书馆长期发展战略与规划，实现图书馆循序渐进的发展。

## 二、当今县级图书馆服务状况与原因

### （一）县级公共图书馆服务现状

县级图书馆服务对象大多是退休干部或学生，缺乏重点信息读者，例如上级领导干部和农民群众，无法充分发挥公共图书馆的积极作用。而且县级图书馆的服务方式也有待加强，其服务方式也是被动的借还，没有树立"走出去"的服务理念，自然就很难扩大服务对象。

### （二）造成县级图书馆落后现状的主要原因

#### 1. 宣传力度不到位

如今信息技术已经融入社会的各个角落，许多人时常会沉迷于网络世界中，在网络中获取一些信息资源。他们喜欢在网络上看书，不愿意真正拿起书本读。可以说社会形态变化是致使传统图书馆没落的主要原因。但是书本知识依然有其存在的道理，如果图书馆对自身的宣传力度不够，当地居民会普遍对图书馆的作用认识不足，缺乏利用图书馆的意识，甚至有些居民都不知道图书馆的具体地点。

#### 2. 管理部门不够重视

经费投入不足，图书馆的真正价值在于信息资源，如果图书馆内容资源更新不及时，势必会影响其服务质量。上级部门通常对图书馆建设以"等一等""缓一缓"作为推脱，将更多的资金都投入到经济建设中。由于资金的原因，很多县级图书馆出现设施落后、人才缺乏、购书经费不足等问题，服务质量降低。

#### 3. 网络建设落后，设施不健全

随着信息技术不断发展，想要实现资源共享就必须构建"互联网＋图书馆"的模式。但纵观县级公共图书馆，真正实现数字化图书馆是少之又少，一些图书馆甚至没有网络设施或者由于设施过于落后，没有实现"多馆联网"，例如学校馆、企业馆、社区馆、科研馆等。不同类型的图书馆各自为战，开放程度也比较局限，无法实现资源共享，其服务质量势必会大打折扣。

## 三、提高县级图书馆服务质量的有效策略

### （一）明确服务定位，加强管理

明确服务定位，加强管理是县级图书馆发展的一大保障。因此，县级图书馆必须充分利用馆内资源，做好常规服务，以人们的信息需求作为出发点，不断丰富馆内资源。同时，公共图书馆的基本职能是提供公共服务，那就必须提高图书馆的开放程度。

### （二）争取上级部门支持，加大投资力度

想要推动县级图书馆的建设，获取上级部门领导支持是至关重要的。只有获取领导部门的重视，才能够保障公共图书馆的人力、物力、财力。政府作为公共事业的建设者，其投资价值主要是以公共事业的服务价值为基础，即社会效益、广泛度、接受度等。同时，图书馆要制定"能者居上"的岗位竞争制度，激发工作人员的积极性，加强工作人员的培训工作，全力打造崭新的公共服务形象，赢得政府和社会群众的支持，形成高投入、高效益的良性循环模式。

### （三）加强网络建设，构建信息共享网络系统

不断朝向"五级"公共图书网络系统发展，即国家—省—市—县乡镇。充分发挥"互联网＋图书馆"的积极作用与优势，满足当地居民的文化信息需求，推动图书馆的信息化建设进程。

### （四）充分发挥辐射作用，服务于当地经济建设

影响经济发展的因素有很多，例如当地企业、当地农业、科学技术、生产技术、劳动者等因素。因此，虽然图书馆对经济发展没有直接的影响，但可以通过自身的辐射作用来推动经济发展，即间接影响。

任何一件事物发展都脱离不开理念的支持。想要加强上级部门的重视程度，必须看到图书馆在当地发展发挥的积极作用，即图书馆所创造的经济价值、社会价值要能够显而易见，只有这样才能够加强社会各个阶层的关注程度。因此，县级图书馆管理人员必须能够加强自身的创新力与创造力，更新自身的服务观念。

图书馆在各级城市中发挥着不可替代的作用，不仅能够提高当地居民的综合素质，实现"终身学习"，同时也能够间接推动当地经济发展，提高人们的生活质量。因此，有关部门必须重视县级图书馆的发展与建设，加大图书馆的资金投入，推动图书馆信息化建设，加强图书馆的辐射作用，提高图书馆的影响力，保障县级图书馆能够长足发展。

# 第二节　县级图书馆与公共文化服务供给

## 一、图书馆与公共文化服务供给的关系

### （一）图书馆是公共文化服务供给的主要载体

公共文化是有助于提升国家软实力的公益性文化，由政府主导提供。其本质在于实现国家和政府管理上的公平和正义，推动和谐社会的建设。

在我国，主要通过搭建公共文化服务体系的方式来提供公共文化服务。该体系的建设主体可以分为三个部分，分别为主导者、执行者和参与者。由于公共文化服务的"公共性"，公共文化服务体系的主导者必须是政府，政府在构建过程中发挥着主导作用，并承担着主要责任。根据我国国情，构建体系的执行者包括各类文化事业单位，包括共青团、省妇联在内的群团组织。此外，作为公共文化提供者的社会组织和个人是构建公共文化服务体系的主要参与者。

公共服务具有消费的非排他性和受益的非竞争性。非排他性，指的是该公共物品效用的使用权不会因为任何人的使用而影响他人的使用，使用权具有共同性，不具有互相排斥性。非竞争性，是指不管该公共产品的消费者数量有多少，其成本都不会跟着变动。这种情况下，会导致市场"失灵"。针对这一问题，作为文化系统一部分的公共图书馆要对文化资源进行宏观上的把控，这对我国在信息资源和服务方面存在地区、阶层所存在的不平等现象具有重要的作用。公共图书馆免费开放和公平、公益的服务理念使其更有可能把服务带到社会上的各个层面，真正做到让社会大众享受到公平平等的公益服务，以保证社会大众文化权益的真正实现。

因此，综上所述，图书馆是公共文化服务供给的主要载体，这很大程度取决于公共文化服务的性质和作用。

### （二）公共文化服务供给是图书馆的基本职能

国际图联（IFLA）把现代图书馆的功能概括为：保存文化方面的遗产、对社会大众开展社会教育、传递科学情报和开发智力资源。此外，图书馆作为一个文化教育机构在人民生活水平日益提高的今天，还为人民群众提供了第五种职能——提供文化娱乐，即图书馆的第三空间价值。

由教科文组织颁布的《公共图书馆宣言》中，对图书馆的作用提出极高的评价，并提出了令人对图书馆心生景仰的定义，即公共图书馆是"人们寻求知识的渠道，是

个人和社会群体终生教育、自由决策和文化发展的基本条件，是传播教育、文化和信息的一支有生力量"。这份宣言揭示了公共图书馆的社会作用、机构属性和服务的方式。由此可见，公共图书馆面向全社会所有群众提供免费服务并不是一个口号，而是图书馆存在的天然使命，只有对这一使命的认真贯彻执行，才能保证每一个人在信息获取和利用的自由与平等，这是一个社会发展的必然要求。

综上所述，公共图书馆具有如下几个特点：第一，公益性。公共图书馆存在的目的在于为公民提供公共文化产品，服务于基层群众，公共图书馆是政府保障基层群众享受公共权益的重要服务机构。公共图书馆服务属于公共服务。公共图书馆属于文化事业单位机构，其所有经费的来源都是人民群众的税收，经费取之于民、用之于民是再自然不过的事情。第二，公平性。公平是图书馆服务的核心价值体现。公平性是指公平接受图书馆的服务机会公平。意指服务面前人人平等，即公民接受图书馆服务的权利是平等的。

综上所述，公共图书馆的属性和特点使其更接地气，更贴近基层民众，方便其走进基层各个层面的群体，在家庭和工作地点两个空间之外的"第三空间"，是他们获取信息服务的重要来源。因此，可以明确肯定，公共文化服务供给是图书馆的基本职能。

## 二、县级图书馆在公共文化服务供给中存在的问题

### （一）馆藏不足，人均藏书量低

馆藏是图书馆赖以存在的物质基础，是图书馆为读者提供文献服务、满足其文化需求的根本保证。晋江市图书馆目前收藏的文献资料包括图书、期刊、政府出版物、音像制品等。其每年图书的数量稳中有升，这符合晋江市图书馆近几年投入大量的精力和财力以谋求发展的举动，伴随着总分馆体制的建设和不断完善，图书馆的采购量以及馆与馆之间的周转量理应有大的增长，但是随着数个分馆的不断落成以及总馆图书的周转，新书并没有大幅的增长。

### （二）设备利用率低，投入产出比待提高

基层图书馆作为非营利性社会公益性文化机构，其发展的先决条件——经费，是靠政府全额拨款，相比其他县级图书馆具有在政府重视程度低、财政经费不足方面的问题，晋江市图书馆可以说在这方面是比较有优势的。

经济的发展无疑带动了文化事业的发展，两者相互影响相互促进。伴随着城市经济的不断发展，晋江市委、市政府不断提高对政府文化职能的重视，努力促进公共文化服务的社会氛围，以迎合社会民众日益增长的文化需求，从而在财政上支持各类公共文化建设，确保经费的到位，推进公共文化服务工作的顺利开展，为基层公共文化

服务的服务质量提供经济保障。

图书馆的发展除了领导重视、财政支持外，也离不开图书馆自身的自强不息。对于一个图书馆的发展来说，馆长起着无可替代的作用。毫不严重地说，县级图书馆的馆长可谓是图书馆的生命线，图书馆要发展必须要有一个好的称职的馆长，馆长的管理、业务能力，决定着图书馆的生存、发展、前途和命运。图书馆虽然是公共文化服务的主要载体，但不同图书馆在各自的具体实践过程中，其深度和广度因馆而异。图书馆正是在馆长的带领下，全馆员工的共同努力下，通过举办各种读者活动，承办各种专业会议，甚至是全国的馆长论坛的对外实践中，一次次地进行自我证明，让社会群众、政府看到图书馆的为民众提供公共文化服务能力和决心，在一次次的肯定中得到政府的重视，先后把图书馆的各列项目列为"为民办实事"工程，并给予财政上的支持。

### （三）读者群体单一，读者量仍显不足

图书馆作为一个有效保护人类文化遗产、普及公共教育、传递信息和资源来满足读者文化需求的机构，如果缺少了服务对象，再多的图书馆资源、再完善的图书馆设施、再先进的图书馆设备、再优秀的图书馆工作人员也会形同虚设，读者是图书馆存在的根本，没有读者，图书馆将失去其存在的意义。

随着移动互联网的迅猛发展，智能手机终端在中国已经得到了极大的普及，人们的阅读习惯相比传统纸质方式已经产生了很大的改变。目前，通过网络进行在线阅读、通过手机随时阅读、通过 kindle 等电子阅读器阅读等等新兴的阅读方式的出现，对图书馆传统服务的发展产生了一定的冲击。在数字化浪潮下，想要获取自己所需的信息，只要拿起手机，在百度、微博中搜索一下，答案便铺天盖地地展现在面前。想要阅读畅销图书或者报纸杂志，只要通过移动阅读设备，在任何时间任何地点均可以在线阅读或者下载浏览。各大或传统或新兴或集体或个人媒体为了抢占一块信息高地，纷纷建立自己的网站、开通自己的微信公众号服务于特定的群体，为了吸引粉丝提高订阅量而获取经济利益也好，为了给自己一个发声的场所满足自我价值感也罢，所有的媒体共同为现代科技发展下的每个个体营造出了信息大爆炸的快餐式的文化环境，个体并不缺乏信息，缺乏的是分辨信息的能力；也不缺乏阅读的需求，缺乏的是阅读一部好的作品的耐心。图书馆早已不是读者唯一的信息来源地。这是图书馆所面临的社会大环境，也是图书馆所面临的外部环境的考验。

# 第三节　县级图书馆提升公共文化服务供给质量的对策

## 一、从供给主体角度

### （一）建立馆员培训机制，提高馆员综合素质

"以人为本"的现代图书馆管理，不仅体现在读者方面，亦体现在馆员方面。馆员队伍是提供公共文化服务的人才保障。馆员的综合素质高低直接决定了公共文化服务的质量优劣。因此，在深化人事制度改革的基础上，还应开展学习型团队的建设，促进馆员自身的不断成长，把"终身学习"理念贯彻到馆员的实际行动中，具体对策包括：

1. "以老带新"，是图书馆工作持续发展的重要保证

随着图书馆事业的不断发展、图书馆工作量的不断增加，一批又一批的新馆员先后走上工作岗位，这些新人学历高、知识面广、思想活跃、思维敏捷，是图书馆事业发展的生力军，但由于大部分人都刚出校门，缺乏社会工作经验，需要有丰富工作经验的优秀馆员对其进行引导和教育，促进新馆员的在工作岗位上更快地成长。

2. 馆员培训，是提升馆员综合素质的有力保障

图书馆工作作为保障民众获取知识、获取信息的权益的职业，要求图书馆员只有做到终身学习，才能在信息资源日新月异的时代背景下，保持高质量的读者服务。具体的培训包括：

（1）基础业务的培训。对图书馆日常工作的熟练掌握是开展读者服务工作的基础，因此，基础业务的培训是基础培训，可以由馆内的业务骨干在馆内对员工进行培训，也可以参加中国图书馆协会主办的各类业务培训班。

（2）技能培训。包括摄影艺术、主持技巧、微博等宣传平台的管理、读者沟通艺术等。技能培训意在增强馆员的工作能力，直接促进公共文化服务质量的提升。

（3）身心培训。在图书馆馆员服务读者的过程中，要提升服务的整体品质，单靠业务知识和技能知识不是够的，工作人员其实是用他所承载的所有人生经历所洗涤出来的当下的那个他在为读者提供服务。因此，馆员自身内在的成长程度决定了服务质量所能达到的高度。基层图书馆的日常读者服务工作是细碎且烦琐的，日复一日的重复劳动，如果工作人员没有学会身心的自我调整，及时疏导自己的负面情绪，持久保有一颗积极阳光的心，就很难在工作上找到兴趣，并确保读者服务的质量。这类培训包括萨提亚工作坊、爱的语言工作坊等。

（4）其他根据工作需要的针对性的培训。比如针对提供少儿读者服务的少儿馆工作人员的父母效能训练的培训，该培训虽然针对父母，但也同样适用于每天与未成年读者打交道的少儿馆馆员。图书馆具有社会教育职能，少儿馆的工作人员也扮演社会教育者的角色。因此，在日常工作中要学会用正确的方式与少儿读者接触，引导其使用馆藏资源，让其爱上阅读。

（5）馆员之间的读书会。馆员内部可以定期组织不同形式的读书会，可以规定主题，也可以是在一段时间内共读同一本书。相比组织培训，读书会更简便易用，也有助于在馆员之间形成成长互助小组。作为图书馆工作人员，伸手可得的馆藏是馆员最珍贵的宝藏，而只有当工作人员把阅读当作像喝水、吃饭一样自然而然的一个习惯时，这批宝藏才能内化成我们自己的财富。

随着我国经济的不断发展，物质的不断丰富，对精神文明的需求越来越大，各级政府对公共文化服务的供给不断重视，对大多数县级图书馆来说，经费将不再是图书馆事业发展的最大障碍，甚至已经有一大部分县级市图书馆具有一流的馆舍、一流的设备、一流的机器，但在硬件设施不断完善的过程中，基层图书馆工作人员也要不断提升自身的综合素质，从思想上转变，由"高人一等"的心态到"读者至上"的心态，重设心理角色。从能力上提升，由一名"藏书楼"的工作人员向着"文化信息流通中心"的工作人员方向发展。

## （二）深化内部管理改革，提升全馆工作效率

提高图书馆的工作效率，要求图书馆在完善人事制度的同时，做好岗位设置和人员安排工作，深化绩效考核改革，提升团队工作效率。

在长期的工作过程中，县级图书馆作为基层事业单位，岗位终身制和"铁饭碗"的管理体制严重压抑了图书馆员的工作积极性和创新能力。因此，县级图书馆应改革旧的用人制度，实行全员竞聘上岗。在人员招聘形式上采取统一招考，公平竞争，择优录用的方式。在岗位设置上，应该改变原有的从闭架服务模式中遗留下来的以物理空间设置岗位的方式，实行更高效的以工作内容来划分岗位的改革，将不同性质的工作根据其所需人员的特性进行岗位改革。由岗位设置工作人员在遵守实际需要和可能、最少岗位数量、最低职务岗位、协调配合、人事结合等，在逐步过渡的四个设岗原则基础上，进行岗位调查、分析评价、拟定设岗方案和岗位说明书等基础工作，在最终设岗之后，根据岗位职责需要和馆员的实际情况施行竞聘上岗，充分发挥馆员的工作积极性，不断激发馆员的职业潜能。

以流通部门为例，打破各个书库之间的空间界限，摒弃现有的从空间上以科室为岗位设置依据，工作分配到科室层面的方式，将整个流通部的工作内容进行分类，根据工作性质重新设置岗位，制定岗位具体工作内容，明确岗位具体职责。在此基础上，

根据馆员的能力水平竞聘上岗，年底对馆员工作完成效果进行考核，给予相应的奖罚措施，促进工作效率的有效提升。

## 二、从供给方式角度

### （一）拓展服务方式，推进服务多维度发展

传统图书馆的服务方式类似于群众的书房作用，仍然停留在为群众提供图书的借还服务层面。这一服务方式随着经济的不断发展，群众文化需求的日益多样化已稍显不足。公共文化服务供给的目的在于为群众提供一个文化平台，使其能够在享受文化权益的同时实现自我教育和自我完善。图书馆的服务亦是如此，在作为读者自我成长之路上的终身伴侣的角色上，图书馆应该拓展自身的服务方式，推荐服务多维度发展以满足不同读者的需求，才能发挥了图书馆的社会职能。

在馆藏服务的基础上，图书馆还可以提供3D电影观赏、不同主题展览、不同类型讲座、不同需求的培训等各种服务项目，通过在创新度、细致度、信息深度、服务广度等多个维度拓展服务方式，充分发挥图书馆在家庭、工作单位之外的第三空间的作用，成为读者在业余时间的好去处。

### （二）做好需求调查分析，促进需求供给无缝对接

读者是公共文化服务的客体，让读者满意是图书馆公共文化服务供给的最终目标和归宿。人与书必须有一个媒介，才能开始相互吸引。这个媒介可以是父母、亲戚、邻居、老师，也可以是图书馆馆员。因此，图书馆在公共文化服务过程中，如何最大程度的服务好现有的读者，并吸引潜在读者，扩大图书馆公共文化服务的范围，是图书馆一直以来的工作重点，通过对普遍性和特殊性规律的了解，在做好一般性普遍的阅读推广活动以提升全市阅读氛围的同时，对服务进行细分，即根据基层社会民众的年龄阶段、专业背景、知识层次、受教育程度、工作性质、个人偏好、长期需要和短期目标等方面存在的差异性进行分析归类，对服务目标进行信息需求的细分，以促进服务方式的转变，主动、有针对性地为读者提供公共文化服务。

从读者年龄层角度，为读者提供0~1.5岁幼儿看护家长阅读服务，1.5~3岁的学步儿童故事会活动，2~5岁的家庭故事会活动，3~5岁的学前儿童故事会，5~14岁的暑期读书主题活动，6~12岁的读书活动或专项活动，各年级的家庭作业辅导服务，等等。从读者身体状态角度，可以为身边行动不便的读者提供送书上门服务，为视力有障碍的读者提供有声图书服务或者朗读服务，等等。只有充分了解了读者的有效需求之后，图书馆在提供公共文化服务过程中才能做到有效供给。

## 三、从供给对象角度

### （一）加强宣传推广工作，提高图书馆知名度

图书馆可以通过增加在本市各类媒体的曝光度来吸引更多的潜在读者，可以宣传图书馆目前所举办的各类文化活动，让潜在读者了解图书馆的服务项目及其公益性。除此之外，图书馆也可以通过设置街区自助图书馆设备、移动书车等从设备方面和"文化下乡"、分馆建设等与其他单位之间的合作来提高图书馆的知名度。另外，利用新兴的微信平台和微博平台在拓展图书馆服务的同时，也让更多潜在读者有更多的机会了解到图书馆。在宣传推广过程中，除了促进宣传方式的多样化，还要注重宣传过程中对图书馆形象的塑造，给群众传递美好的感觉。比如，利用公交站牌的宣传，在"图书馆"一站的下方，可以标注："刚好有空？那就到图书馆看看书，享受一次心灵 SPA 吧！"等等。

### （二）建立需求反馈机制，满足读者多样化需求

长期以来，公共文化服务供给大部分停留在"自上而下"的供给模式上，一般由政府决定所供给文化服务的类型，没有从群众的实际需求出发，因此造成了供给过程中存在无效供给的情况。图书馆要挖掘读者的用户需求，做到有效供给就要建立需求反馈机制。

搭建读者需求反馈通道，在馆内设置读者建议本、意见箱；针对读者需求设计问卷调查，并对数据进行分析；定期走访基层群众，了解群众文化需求，等等，通过各种方式及时收集掌握读者的文化需求，并结合图书馆的实际能力开展有针对性的订单式的服务，确保从读者的角度出发，开展图书馆的读者服务工作，满足读者多样化的需求。

# 参考文献

[1] 陈进，邓景康，景祥祜 . 图书馆 RFID 技术及应用 [M]. 上海：上海交通大学出版社，2013.

[2] 陈庭生 . 图书馆读者工作理论与实践 [M]. 南昌：江西科学技术出版社，2010.

[3] 程静，鲁丹，陈金传 . 技术视角下高校图书馆创新实践 [M]. 上海：上海社会科学院出版社，2021.

[4] 董伟 . 新媒体时代图书馆管理与服务研究 [M]. 长春：吉林人民出版社，2019.

[5] 高伟 . 图书馆建设与阅读服务管理 [M]. 长春：吉林人民出版社，2021.

[6] 谷春燕，李萧，阿曼古丽·艾则孜 . 图书馆读者服务与管理 [M]. 银川：宁夏人民出版社，2021.

[7] 何津洁 . 高校图书馆读者服务工作拓展与创新 [M]. 北京：北京工业大学出版社，2018.

[8] 黄娜 . 高校图书馆与学科建设 [M]. 长春：吉林人民出版社，2019.

[9] 江涛，穆颖丽 . 现代图书馆服务理论与实践 [M]. 郑州：河南人民出版社，2014.

[10] 江莹 . 基于信息资源建设与读者服务的高校图书馆发展研究 [M]. 长春：吉林大学出版社，2020.

[11] 李东来 . 读者权益与图书馆服务研究 [M]. 北京：国家图书馆出版社，2012.

[12] 李芬林，王小林，尹琼 . 公共图书馆读者工作 [M]. 兰州：甘肃文化出版社，2013.

[13] 李蕾，徐莉 . 图书馆管理策略与阅读服务创新研究 [M]. 长春: 吉林人民出版社，2021.

[14] 李世娟，李东来 . 图书馆绘本阅读推广 [M]. 北京：朝华出版社，2017.

[15] 梁宏霞 . 读者阅读心理、行为和图书馆服务 [M]. 镇江：江苏大学出版社，2016.

[16] 刘广明，王来军，朱萍，等 . 信息时代大学图书馆读者服务工作理论与实践 [M]. 北京：北京图书馆出版社，2004.

[17] 刘乐乐，杜丽杰，张文锡 . 图书馆管理与服务 [M]. 长春：吉林人民出版社，

2018.

[18] 刘月学，吴凡，高音.图书馆服务与服务体系研究 [M].咸阳：西北农林科技大学出版社，2018.

[19] 孙凤.图书馆读者服务理论与实践 [M].长春：吉林出版集团股份有限公司，2021.

[20] 唐铭杰，金燕.新形势下公共图书馆读者需求与服务 [M].上海：上海辞书出版社，2010.

[21] 唐铭杰，金燕.与读者同心与世博同行 上海市公共图书馆读者服务研讨会论文集 [M].上海：上海辞书出版社，2009.

[22] 王金.图书馆读者服务与阅读推广探究 [M].长春：吉林大学出版社，2022.

[23] 王秀琴，郑芙玉，浮肖肖.高校图书馆管理创新研究 [M].吉林人民出版社，2021.

[24] 王秀文，于丽娜.高校图书馆读者服务于档案管理探索 [M].长春：吉林科学技术出版社，2021.

[25] 王振伟.新时期高校图书馆读者服务工作研究 [M].北京：北京理工大学出版社，2019.

[26] 薛天.公共图书馆儿童读者活动理论与实务 [M].长沙：湖南大学出版社，2017.

[27] 杨静，景玉枝.数字图书馆服务与管理 [M].赤峰：内蒙古科学技术出版社，2016.

[28] 姚新茹，刘迅芳.现代图书馆读者服务 [M].北京：海洋出版社，2006.

[29] 于芳.高校图书馆服务工作与采访模式创新研究 [M].吉林出版集团股份有限公司，2018.

[30] 臧鸿妹.高校图书馆读者服务新探 [M].合肥：安徽大学出版社，2009.

[31] 张枫霞.图书馆读者服务 [M].北京：海洋出版社，2009.

[32] 郑辉，赵晓丹.现代公共图书馆智慧服务平台建构研究 [M].长春：吉林人民出版社，2020.

[33] 周静.高校图书馆读者服务工作拓展与创新 [M].延吉：延边大学出版社，2022.

[34] 周甜甜.高校图书馆管理与读者服务研究 [M].延吉：延边大学出版社，2019.

[35] 朱洪霞，姚丽娟.现代图书馆读者服务工作创新与研究 [M].北京：北京燕山出版社，2022.